Introduction to FinTech Innovation

FinTech
イノベーション
入門

津田博史 [監修]

嶋田康史 [編著]

西　裕介
鶴田　大
藤原　暢
河合竜也 [著]

朝倉書店

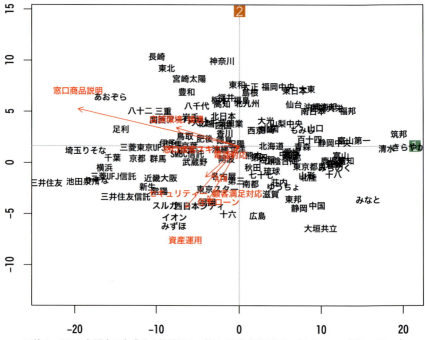

口絵1　2016年調査の主成分分析結果1：第1, 2主成分 biplot〔本文 p.79 参照，図 2.6〕

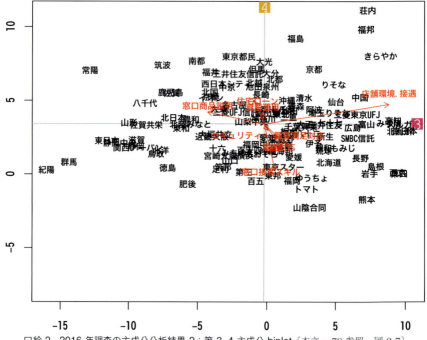

口絵2　2016年調査の主成分分析結果2：第3, 4主成分 biplot〔本文 p.79 参照，図 2.7〕

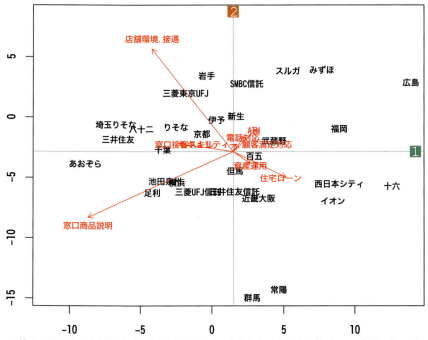

口絵 3　2016 年調査上位 30 行の主成分分析結果 1：第 1, 2 主成分 biplot〔本文 p.82 参照，図 2.12〕

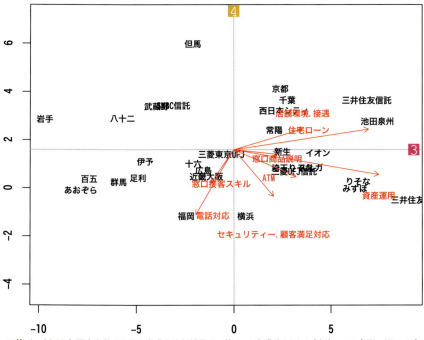

口絵 4　2016 年調査上位 30 行の主成分分析結果 2：第 3, 4 主成分 biplot〔本文 p.82 参照，図 2.13〕

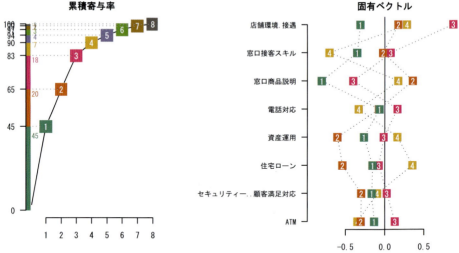

口絵 5　2016 年調査の主成分分析結果 3：寄与率と固有ベクトル〔本文 p.81 参照，図 2.10〕

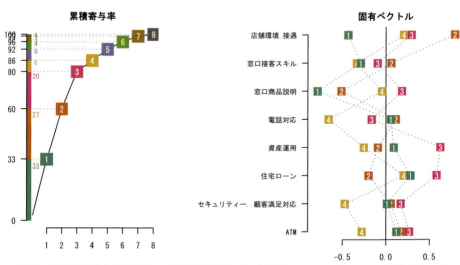

口絵 6　2016 年調査上位 30 行の主成分分析結果 3：寄与率と固有ベクトル〔本文 p.84 参照，図 2.16〕

まえがき

最近は FinTech, AI[*1], ビッグデータ関連のニュースを見ない日はなく, IT[*2] により世の中が変容しつつあることが誰の目にも明らかな状況だ. インターネット上や自分のメールアドレスに大量に舞い込んでくる情報は個々の人間の目や耳の処理能力をはるかに超えていて, 情報のスクリーニングが不可欠である一方で, 本当に知りたい情報は意外に見つからなかったり, そもそもなかったりもする.

FinTech に関しても, その利便性やコマーシャルな面は流布しているが, 意外にその仕組みはそれほど開示されておらず, よくわからないことも多いのではないだろうか. 本書はそういった部分にも焦点をあて, 誰もが FinTech を理解し, アイデアを思いついた場合に手元で Python などを使って実践するための手がかりを平易に紹介できるような内容を目指した.

そもそも FinTech (フィンテック) とは？という問いかけに答えることは難しい. 金融と IT の融合であればこれまでも相当な規模で IT 化は進展している. 何が違うのか.

そこには "これまでとは違うレベル" で金融と IT が融合して, "革新的なサービスやプラットフォームを生み出すこと" への人々の期待が込められている. 現段階での FinTech はどこかで決済などのため既往の金融システムとつながっているので, "オープンなコンピュータネットワーク上で従来の金融機能に対するラッパーとしてサービスを展開する金融関連エコシステム" といえるかもしれない. しかしながら, FinTech2.0 あるいは 3.0 のような進化を遂げたあかつきには既往の金融システムから独立したエコシステムを形成する可能性も秘めている. その

[*1]　人工知能 (Artificial Intelligence).
[*2]　情報技術 (Information Technology), 時に通信 (Communication) も含めて ICT という表現も使われる.

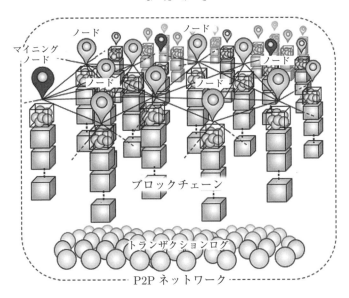

0.1 ブロックチェーンのイメージ図

最も象徴的な技術革新の1つがブロックチェーンといわれる自律分散型台帳システムである．図 0.1 は本文中に登場するブロックチェーンのイメージ図である．Peer to Peer (P2P) ネットワーク上で各端末が同じ台帳記録を保有しノードとして機能している状況を表現している．

　FinTech は今や全世界的なムーブメントであり，今この瞬間も世界のどこかで新しい FinTech サービスや FinTech 企業が生まれている．蒸気機関，大量生産，オートメーションに次ぐ第 4 次産業革命と呼ばれたり，これまでの IT 化とは一線を画すという意味で第 3 次の波と呼ぶ向きもある．後者については第 1 次，第 2 次と呼ばれた IT 化とどこが違うのか．第 1 次はオンライン化，フィナンシャルエンジニアリング (金融工学)，第 2 次はもはや古い言葉となったが e ビジネスやドットコムといわれるインターネットビジネス展開であった．インターネットビジネスや e ビジネスも，一見オープンに見える革新ではあるが，この第 3 の波である FinTech のオープンプラットフォームと比べれば狭い範囲での改善であった．しいていえば，ユーザーや顧客サイドからその技術力や付加価値が見えにくい，どちらかといえばサービスを提供する企業側に恩恵のある改革でしかなかっ

たのかもしれない.

なぜ金融 (finance) と IT (technology) か？と問われれば，金融と IT との圧倒的な親和性と答えることになろう．例えば配達，引越業や製造業のことを考えてみる．人員や輸送手段，作業場所の確保，製造機械や原材料の調達など物質 (物理的，有体性のあるサービスや商品) を伴う点において仮想では容易には解決しない様々な問題が立ちはだかる．IT とすでに仮想的なものになりつつあるお金の組み合わせであれば，話は比較的簡単で，わずかな資金やアイデアから短時間で世界的なサービス展開を目指すことも可能となるのだ.

FinTech 企業やサービスについて調べようと思っても今や夜空の星を数えるようなもので全貌を把握することは不可能に近い．KPMG と H2 Ventures [1], Forbes [2] など様々な業界関係者が Best FinTech のようなランキングを公表しているので，それを手がかりにどのような革新的なビジネスモデルやサービスが生まれているか具体例を見ていくことも早道であろう．今やこの種の FinTech ビジネスランキングも AI が Facebook, Google, Instagram, LinkedIn, Twitter, YouTube やウェブサイト，記事などの引用をデータ解析しスコアリングを行い自動作成しているケースがあるようだ．本書のような書籍も AI により自動作成される日も近いのかもしれない.

以下に FinTech ビジネスランキングなどによく登場する FinTech 企業名やサービスをアルファベット順に列挙する.

Acorns, Activehours, Addepar, Adyen, Affirm, AlphaSense, AngelList, Ant Financial, Apigee, Atom Bank, Avant, Avoka, Aztec Exchange, Backbase, Bankable, Behavox, Betterment, BioCatch, bitFlyer, BitPay, BLender, Borro, C2FO, Cadre, Calastone, Chain, Circle, CircleUp, Coinbase, Coinify, Collective Health, Colu, ComplyAdvantage, Confirmation.com, Coverfox, Credit Karma, Credithood, Credorax, Crowd Mortgage, Crowdcube, CUneXus, Dataminr, Digital Reasoning, dv01, Dwolla, Earnest, EarnUp, ebankIT, Ellevest, Elliptic, Equitise, Estimize, eToro, Fastacash, Fidor Bank, freee, Friendsurance, Fundable, Fundbox, Fundera, Funding Circle, Fundrise, FutureAdvisor, Global IDs, GoCardless, Gusto, IEX, itBit, iZettle, JD Finance, Jimubox, Jumio, Kabbage, Kensho, KickStarter, Klarna, Knip, Kreditech, Kueski, League, LearnVest, Lending Club, Lendingkart, Lendix, LendUp,

Liquid, Lufax, maneo, Market Riders, Meniga, Meninga, Merry Biz, Metamako, Metromile, MFS, miiCard, mint, MoneyForward, Motif Investing, Moula, MOVEN, MyMicroInvest, N26, Nubank, Numerai, Numoni, Okta, OnDeck, Orchard Platform, Oscar, Osper, OurCrowd, Pay near me, Payoneer, PayPal, PayRange, Personal Capital, Personetics, PINTEC, Plaid, Pocketbook, Point, Policybazaar, PromisePay, Property Partner, Prospa, Prosper, Qapital, Quantopian, Qudian, Qufenqi, Qummram, Rate Setter, Renrendai, Revolut, Ripple, Riskalyze, Robinhood, Rong360, Safaricom, Saffron, Salary Finance, SecondXight, SecureKey Technologies, Seedrs, SelfWealth, SigFig, Signifyd, SIMPLE, Simply Wall St, SlimPay, Social alpha, SocietyOne, Sofi, Spotcap, Square, Stellar, Stockpile, Stockspot, Stripe, Sum up, Symphony, SyndicateRoom, Tala, The Currency Cloud, Tradle, Traity, TransferWise, TrueAccord, Trulioo, Trumid, Trunomi, Tyro, Upside, Valuto, VivaReal, Vizor, Vortex, Wealth Access, Wealth Migrate, Wealthfront, Wecash, WeLab, Wonga, Xapo, Xero, Xignite, Yodlee, Yoyo Wallet, Yseop, Zest finance, ZhongAn, Zopa, お金のデザイン

　企業名からは何をやっている企業なのかほとんどわからないかもしれない．前例がない革新的なサービスを提供しているからか，既往の概念でとらえようとしてもできないのが FinTech 企業名の特徴でもある．その提供する技術やソリューションビジネスを知れば，各々よく練られ，いわゆるキャッチーなネーミングであることも理解できてくる．これらの中には何百億円もの資金を投資家などから集めている企業もある．そもそも金融という分野は一般にはそれほどわかりやすいものではない上に，さらに FinTech のサービスとなると，その革新性は直観的にはうなずけるものの，厳密な評価をするのは容易ではない．その企業のサービスの革新性や成長性を評価し，実際に投資をしている投資家やファンドは信頼できる目利きであり，FinTech 企業の資金調達額はサービスの客観的な評価と見てよいものであろう．

　FinTech 企業またはそのサービスについては，論文，リサーチ，プレゼンテーション資料などにおいて様々な切り口のカテゴリー分けがされている．例えば融資，決済，資産運用などのサービス分野別，ブロックチェーン，AI などのテクノロジー別，あるいは enabler (実現者) と disrupter (創造的破壊者) といった既

存の金融システムとの関係別である．本書では，もう少し平易に企業またはその
サービスを大きく以下の 3 つのカテゴリーに分類することとする．

　　カテゴリー 1：既存のサービスをサポートするもの
　　カテゴリー 2：既存のサービスを変革するもの
　　カテゴリー 3：既存のサービスの及ばない領域を開拓するもの

　既存の金融機関に勤務する人にとって，カテゴリー 1 であれば自分の仕事が楽
になるかもしれないという期待，カテゴリー 2 であれば自分の仕事がなくなって
しまうかもしれないという危惧，カテゴリー 3 であれば別の新しい仕事の機会が
生まれるチャンスと映るであろう．一般の消費者や顧客などサービスの利用者に
とっても，それが今までのサービスと比べてどのぐらい自分の利便性の向上に役
立つのかを把握したり，それがどのぐらい革新的なことであるかの理解の一助に
なるであろう．

　本書の前半 (第 1～2 章) の内容はこれら 3 つのカテゴリーをベースに図 0.2 の
チャートのように展開されている．まず第 1 章ではそれぞれの分類に帰属するビ
ジネスオポチュニティについて，すでに発現していたり，アイデアとして考えられ
ていることや，将来期待される具体的なビジネスモデルやビジネスソリューション
にフォーカスする．次にこれらのサービスやソリューションが提供される環境で
あるクラウドプラットフォーム，それらを実現するために使用されている FinTech
テクノロジーにフォーカスする．さらに第 2 章において，FinTech テクノロジー
について，その中でも代表的な技術であるブロックチェーンの原理である暗号技術
やデータ解析，ディープラーニングについて深堀りを進めている．特にディープ
ラーニングについては，技術の応用に向け実践ができるように Python のプログラ
ムコード例を示しながら，典型的なディープニューラルネットワーク (DNN) の事
例として銀行の格付け推定モデリングを掲載している．本書の後半 (第 3～5 章)
は，第 3 章で FinTech の影の面や課題にフォーカスし，第 4 章で FinTech のもた
らす経済効果や暗号通貨の人工市場シミュレーションモデル，第 5 章で FinTech
ビジネスの将来展望をまとめている．3 つのカテゴリーに分類した FinTech 企業・
サービスについては第 6 章にまとめて紹介している．また FinTech から派生し，
今後注目されていくであろう不動産関連の ReTech や規制関連の RegTech につ
いてもコラムでふれ，付録として FinTech を理解する上で必須のキーワードを集

vi　　　　　　　　　まえがき

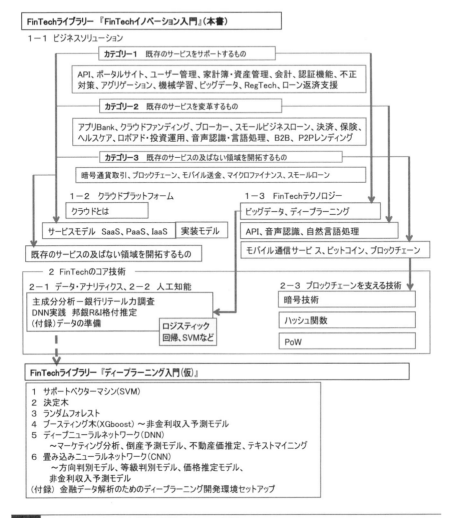

0.2　カテゴリー1〜3に関わる構成チャート図

めた用語集とPythonでのデータ取り込み，加工についての解説も備えている．

　拙稿を棚に上げ甚だ恐縮であるが，本書を読んでいただきFinTechの革新性が国家のあり方にも影響を与えるほど強力なものであることを感じていただければ編者として望外の幸せである．

　人工知能やディープラーニングについてより詳しく知り，自分でもやってみたい

方は FinTech ライブラリーの続刊『ディープラーニング入門 (仮)』を参考にして
ほしい．サポートベクターマシン (SVM)，ブースティング木などの強力な機械学
習，ディープラーニングの基本からオリジナルデータも含め筆者らが行った具体的
な実践手法を Python のプログラムコード付きで平易に紹介している．またパソ
コンでディープラーニングをセットアップできるよう Mac，Windows，Linux な
ど様々な環境用のインストールガイドを完備した．同書を読めばラッパー Keras
のバックエンドで Tensorflow などを動かして手軽に Python で機械学習やディー
プラーニングの世界が広がることがわかっていただけるものと思う．

　共著陣の主たる執筆分担は下記の通りである．内容については共著陣でシェア
し，確認や異論があれば議論をしながら互いのスキルセットで補完し合った．

西　裕介　ブロックチェーン，ビットコイン (Bitcoin)，暗号技術・ハッシュ
　　　　関数

鶴田　大　主成分分析 (銀行リテール力調査)，ディープラーニング

藤原　暢　クラウドプラットフォーム，ロジスティック回帰，決定木，SVM，
　　　　多層パーセプトロン，DNN 実践 (邦銀の R&I 格付け推定)，データ
　　　　の準備

河合竜也　ビジネスソリューション，ビッグデータ，ReTech，FinTech 企業・
　　　　サービスリスト，FinTech 用語集

嶋田康史　ビジネスソリューション，B2B 事例，P2P 事例，モバイル送金
　　　　サービス事例，API，自然言語処理・音声認識，主成分分析 (銀行リ
　　　　テール力調査)，RegTech，FinTech の影の面，FinTech のエコノミ
　　　　クス，FinTech イノベーションの今後，FinTech 企業・サービスリス
　　　　ト，FinTech 用語集

　末筆で甚だ恐縮であるが，監修者である日本金融・証券計量・工学学会 (JAFEE)
前会長の津田博史先生からは本書の監修ならびに励ましはもとより，FinTech に
関する知見より多くの示唆をいただいた．津田先生からお聞きする米国の学会で
の FinTech 関連動向やご自身のビッグデータや自然言語処理の分野でのご研究は
筆者らの見識を広げる原動力になっている．筆者らは現在銀行のリスク管理業務
に携わり，統計解析，コンピュータ，金融工学，不動産分析などのスキルセットは
一応具備していなければならないという認識であるが，FinTech ビジネスについ

ては門外漢であり，直接的に関わる立場ではない．しかしながらそれゆえ客観的にその実態を見つめ考えることができるのではないかと，浅学をも顧みず執筆したものである．一般の金融関係者ならびにその他の分野の方々にとって Python と FinTech 技術の橋渡しの役割を果たすような本となることを念願したものの，上記の状況により不勉学と誤解のために思わぬ誤りが多々あるかもしれず，その際には読者や関係者の方々のご寛大なるご叱正をお願いするしかない．また本著を草するに際し，多くの書籍やウェブページを参考にさせていただいた．これらの著者方に心から謝意を表する次第である．

なお，当然のことながら，本書における誤りは著者の責任に帰し，所属する組織とは無関係であることを断っておきたい．

本書の執筆には，株式会社新生銀行のご理解とご支援をいただき深く感謝している．また朝倉書店編集部には，図や画像の多い本書の校正の作業で大変お世話になった．この場をお借りして心より御礼申し上げる．

　2017 年 12 月

嶋 田 康 史

目　　次

1. FinTech 企業とそのビジネス ･････････････････････････････ 1

　1.1　ビジネスソリューション ････････････････････････････ 2

　　1.1.1　カテゴリー 1：既存のサービスをサポートするもの ･･････････ 2

　　1.1.2　カテゴリー 2：既存のサービスを変革するもの ･･････････････ 4

　　1.1.3　カテゴリー 3：既存のサービスの及ばない領域を開拓するもの　 6

　　1.1.4　FinTech ビジネスのダイナミクス ･･･････････････････････ 8

　　1.1.5　B2B ビジネス事例：Fidor Bank ･････････････････････ 10

　　1.1.6　P2P レンディングビジネス事例：Lending Club ･･･････････ 12

　　1.1.7　モバイル送金サービス事例：M-Pesa ･･･････････････････ 18

　1.2　クラウドプラットフォーム ･･･････････････････････････ 24

　　1.2.1　クラウドとは ･････････････････････････････････ 25

　　1.2.2　サービスモデル ･･･････････････････････････････ 27

　　1.2.3　実装モデル ･･･････････････････････････････････ 29

　　1.2.4　BaaS ･･･････････････････････････････････････ 30

　1.3　FinTech テクノロジー ･･･････････････････････････････ 31

　　1.3.1　ビッグデータ ･････････････････････････････････ 31

　　1.3.2　ディープニューラルネットワーク ･･･････････････････ 35

　　1.3.3　API ･･･････････････････････････････････････ 38

　　1.3.4　自然言語処理・音声認識 ･･･････････････････････････ 45

　　1.3.5　モバイル通信サービス ･････････････････････････････ 54

　　1.3.6　ビットコイン ･････････････････････････････････ 56

　　1.3.7　ブロックチェーン技術 ･････････････････････････････ 58

目　次　x

2. FinTech のコア技術 ･･････････････････････････････ 69

2.1　データ・アナリティクス ･･････････････････････････ 69

2.1.1　データ解析・主成分分析 ･･････････････････････ 69

2.1.2　銀行リテール力調査への応用 ･･･････････････････ 73

2.2　人 工 知 能 ･･･････････････････････････････････ 85

2.2.1　機械学習とディープラーニング ･･･････････････ 87

2.2.2　邦銀 R&I 格付推定への応用 ･･････････････････ 102

2.3　ブロックチェーンを支える技術 ････････････････････ 109

2.3.1　暗 号 技 術 ･････････････････････････････ 110

2.3.2　ハッシュ関数 ･･･････････････････････････ 122

2.3.3　PoW ･･･････････････････････････････････ 124

3. FinTech の影の面 ･･････････････････････････････ 126

3.1　MTGOX の破たん ･･･････････････････････････ 126

3.2　The DAO とイーサリアムのハードフォーク ･･････････ 130

3.3　オーストラリア大手銀行の取引所からの引き上げ ･･･････ 133

4. FinTech のエコノミクス ･････････････････････････ 136

4.1　FinTech の経済効果 ･･････････････････････････ 136

4.2　暗号通貨の価格決定メカニズム ････････････････････ 141

4.2.1　ある国の居住者の視点 ･･･････････････････････ 141

4.2.2　二 国 経 済 ･････････････････････････････ 145

4.2.3　人工市場シミュレーションモデル：150 人モデル ･･････ 146

5. FinTech イノベーションの今後 ････････････････････ 164

5.1　Beyond エストニア ･･･････････････････････････ 164

5.2　FinTech 企業と既存の金融機関は競合から共存エコへ ･････ 166

5.3　情報セキュリティの格付サービスが求められる時代に ･････ 168

5.4　既存の金融機関の存在意義は？ ････････････････････ 169

5.5　XX 年後に生まれて ･･････････････････････････ 170

目　　次　　　　xi

6.　カテゴリー別企業・サービスリスト ･･････････････････････････171

　6.1　カテゴリー1：既存のサービスをサポートするもの ･･････････171

　6.2　カテゴリー2：既存のサービスを変革するもの ･･････････････175

　6.3　カテゴリー3：既存のサービスの及ばない領域を開拓するもの ････184

A.　早わかり頻出"FinTech"用語集 ････････････････････････････186

B.　データの準備 ･･189

　B.1　データの取り込み ･･189

　　B.1.1　テキスト形式データの取り込み ･･････････････････････189

　　B.1.2　エクセルファイルの読み込み ･･･････････････････････189

　　B.1.3　HDF形式の読み込み ･････････････････････････････190

　B.2　データの加工 ･･190

　　B.2.1　ダミー変数への変換 ･････････････････････････････191

　　B.2.2　0–1区間への正規化 ･･･････････････････････････191

　　B.2.3　標　準　化 ･････････････････････････････････191

文　　献 ･･･193

索　　引 ･･･198

■コラム目次

1──ReTech ･･ 66

2──Google Trends ･････････････････････････････････ 85

3──RegTech ･････････････････････････････････････ 162

1.　本書で登場する製品名などは，すべて各開発メーカーの登録商標です．本文中では ™ マークや ® マークは明記していません．

2.　本書で記載されているソフトウェアの実行手順，結果に関して万一障害などが発生しても，弊社および著者は一切の責任を負いません．

3.　Python には2系と3系の2バージョンがあることに注意してください（詳しくは Python.org を参照）．

1

FinTech 企業とそのビジネス

　「まえがき」で企業名だけを紹介した FinTech 企業だが，名前からはどのような ビジネスをやっているのか見当すらつかないかもしれない．これらの FinTech 企業は顧客あるいは社会が抱えるなんらかの問題やニーズを解決することを目的 に，先端の ICT (Information and Communication Technology) 技術を使って ビジネスモデルを展開しているので，その提案する "ビジネスソリューション" から，「まえがき」で述べたように既存の金融機関で働く人の立ち位置から見た 3 つのカテゴリーに分類していった．カテゴリーを下に再褐する．3 つのカテゴ リーに分類した企業・サービスリストは第 6 章に掲載しているが，本章を読む前 に目を通していただければ幸いである．また実際に先端技術を駆使し，進化して いる企業の全貌を外部から理解することは至難の業であり，本分類も筆者のベス トエフォート的なものであることをあらかじめご理解願えれば幸いである．

- カテゴリー 1：既存のサービスをサポートするもの　自分の仕事が楽になる かもしれないという期待を抱くビジネスソリューション
- カテゴリー 2：既存のサービスを変革するもの　自分の仕事がなくなってし まうかもしれないという危惧を抱くビジネスソリューション
- カテゴリー 3：既存のサービスの及ばない領域を開拓するもの　今の自分の 仕事とはほとんど関係ないが，新しい仕事の機会が生まれるチャンスと映る ビジネスソリューション

　まず 1.1 節「ビジネスソリューション」でカテゴリーグループごとに分類した 企業群の特徴を見ていきたい．個別企業のビジネスモデルについてはカテゴリー 2 から Fidor Bank，Lending Club，カテゴリー 3 から M-Pesa を取り上げて紹 介する．それぞれ API，P2P プラットフォーム，モバイル通信という FinTech ならではの技術を応用した FinTech ビジネスモデルの代表例であると思われるか

らだ．次の 1.2 節「クラウドプラットフォーム」でそのビジネスモデルが提供されるプラットフォームであるクラウドについて解説し，1.3 節「FinTech テクノロジー」では，ビッグデータ，および FinTech で使用されている特徴的なテクノロジーであるディープニューラルネットワーク，API，自然言語処理・音声認識，モバイル通信サービス，ビットコイン，ブロックチェーンについて簡易な事例も含め平易に紹介していく．

1.1 ビジネスソリューション

1.1.1 カテゴリー 1：既存のサービスをサポートするもの

このカテゴリーに分類されるビジネスソリューションには，図 1.1 に示すように，ビジネス向けにはビッグデータ，ディープラーニングなどの機械学習によるマーケティング分析や信用力審査，行動モデリング，アルゴリズムトレーディングなどの高度化，窓口支援 AI，ブロックチェーンによる契約管理といった省力化，マネーロンダリングなどの不正防止の主に 3 種類がある．消費者向けには個人認証，ポータルサイト，アグリゲーション (複数口座の統合管理)，家計支出管理支援，住宅ローンの借換試算などがある．

既存のビジネスモデルでこれまでできなかったような生産性や効率性の向上，高度化をもたらすという意味も込めて "enabler (実現者)" と称されることがある．

1.1　カテゴリー 1：既存のサービスをサポートするもの

AI, 機械学習によるビッグデータ分析, ブロックチェーンのように領域によって
は最先端の技術も利用されているが, 既存の金融ビジネスを脅かすことはなくあ
くまで裏方のサポート技術の高度化にとどまっている. サービスや適用レートな
どの比較サイトやマーケッツ情報を一元的に集約したポータルサイトなどの構築
により消費者や利用者にとって商品や関連情報にアクセスしやすい環境やツール
を提供するので, 既存の金融機関にとっては取引頻度や成約率を上げたり, 市場
全体の活性化につながるありがたい存在である. 例えば Stockpile のサービスを
使えば株式をギフトカードにして家族や友人などにプレゼントすることができる
し, MFS のアプリ, モゲチェックは住宅ローンの借換試算をし, どこの金融機関
の商品が有利かなどを示してくれる.

　これらのビジネスモデルが対象としているテーマの中でも KYC (本人確認),
AML (アンチマネーロンダリング), 不正防止, データ管理, 当局オフサイトモニ
タリングなどは金融機関にとって身近な危急の課題である. 現状の労働集約的な
マニュアル作業から脱却しない限り, プロセスにかかる時間で顧客を待たせてし
まうことや, タイムリーな当局報告も重圧となり, 最終的に組織を疲労させてしま
う可能性がある. 個人の認証方法にもさまざまなソリューションがあり BioCatch
はタッチスクリーンと加速度計から, Liquid は指紋から行う. またクレジット
カードなどの不正使用, なりすましを検知するサービスやアカウントホルダーが
実在する人間かどうかを判定するサービスなどもある.

　自社データや, 外部データを活用した顧客分析に基づくマーケティング戦略は
浸透しつつあり, それらの分析を代行するビッグデータ解析サービスも盛況であ
る. またクオンツと呼ばれる計量分析的業務において, 派生商品のプライシング
モデル, ALM (資産負債管理) などで使われる住宅ローンのプリペイメントモデ
ルやコア預金などの行動モデル, アルゴリズムトレーディング, 各種のストレス
テストなどの高度化も, ディープラーニングなどの機械学習を取り入れる余地が
多々ある. 実際にはビッグデータはマーケティングだけを対象としたものだけで
はない. 社内にあり比較的入手しやすいビッグデータということで, 参照してい
るウェブサイト, メール, チャット, 外出時間, 残業時間, オフィスフロア内の
動き方など, いわゆる人事部が所管する通例の学歴, 業績考課, 自己評価, 360
度評価以外の多様な情報が集められるので, コンプライアンスの観点からの従業
員の行動把握や活躍する社員の行動パターン, 儲かるトレーダーの判別や行動把

握などさまざまな利用が検討されているのである.

　また今後の進展が期待される領域は，コンソーシアム型やプライベート型ブロックチェーン (ブロックチェーンの定義などは 1.3.7 項参照) である．主として暗号通貨に使われるパブリック型のブロックチェーン技術はカテゴリー3に分類されている一方で，コンソーシアム型やプライベート型のブロックチェーンは暗号通貨のプラットフォームとしてではなく，Ripple (以下，リップル)，Ethereum (以下，イーサリアム)，ビットコイン 2.0 のような拡張性により，スマートコントラクトなどに代表される取引や契約の実行・管理，権利の証明や個人情報の認証，当事者間での機密情報のシェア，トレーサビリティー (安全性の確認のための情報公開) などに応用できる分散型 P2P ネットワーク技術に進化している．例えば Trunomi は顧客自身が入力・管理する本人確認情報を複数の金融機関で使えるようにするサービスを提供している．それにより口座を開設するたびに金融機関の店頭やウェブサイトで ID ナンバーに加え，パスポートや免許証を添付したりするプロセスを繰り返さなければならなかった問題を解決している．ビジネスのプラットフォームは SaaS，技術的には API を多用している．"Blockchain on KYC" をキャッチコピーにブロックチェーン上で KYC 事業を展開している Tradle のサービスは，KYC 情報を当局 (含む税務署，警察) と共有することが可能になる画期的なものである．それら以外にも例えば身近なところでは遺言，戸籍の管理などへの応用に適していると考えられる.

1.1.2　カテゴリー 2：既存のサービスを変革するもの

　カテゴリー2は3つの中で最も層の厚いカテゴリーである．"アンバンドル"あるいは "disruptor (破壊者)" と称される FinTech イノベーションはここに含まれる．図 1.2 に示すように，送金・決済，資金調達支援，分散投資などの資金運用アドバイス，支店をもたないオンライン銀行，保険，ヘルスケアなどまさに既存の金融機関の中核業務を脅かす存在である.

　そのビジネスモデルの特徴としてまず P2P が挙げられ，既存の金融機関などの介在を極力排除し，手数料体系の透明性を高め，借り手と貸し手をつなぐ自動化プラットフォームを構築するクラウドファンディングは FinTech の中では比較的歴史のある主要なビジネスモデルの 1 つである．また給料の前借を FinTech ビジネスにした Activehours のようなソリューションも入社したての若い世代のニーズ

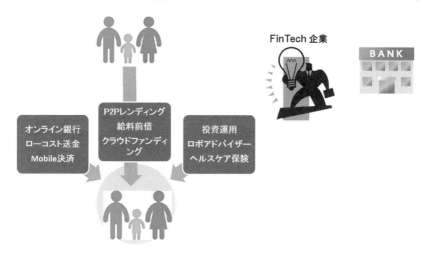

1.2 カテゴリー 2：既存のサービスを変革するもの (銀行と消費者の間に割り込む FinTech 企業の存在)

をつかんでいる．FinTech は IT 技術による効率性より小口化対応や価格破壊を伴う点が既存の金融機関にとってさらなる脅威となっている．前述の Activehours が手数料・金利無料で利用者の寄付により成り立っているほか，Wealthfront なども預かり資産 1 万 US ドルまで手数料無料のロボットアドバイザーによる自動運用サービスとなっている．ロボットアドバイザー (略してロボアドバイザーとも称される) も今やデフォルトでついてくる無料サービスとなりつつあり，それによる収益性は薄れつつある．FinTech ビジネスモデルは低料金や一部については無料でサービスを提供しているが，ウェブサイトなどで定着している広告収入が FinTech ビジネスモデルにおいても収益源となっている．決済関係ではさまざまな通貨で決済できるマルチカレンシー対応も顧客ニーズをとらえている．例えばカード決済にしても為替レートは後になってみなければわからないし，銀行では窓口に行くか，インターネットでできる場合もあるが主要通貨以外に対応していないこともある．一方で外貨建て支払も FinTech を使うことにより，手持ちの自国通貨やあるいは他の通貨から，携帯電話で為替レートを確認しながら，ほぼリアルタイムで行うことができる．小口決済について FinTech 企業が銀行にとって代わるのは時間の問題かもしれない．

ビッグデータによる機械学習を利用した効率性や高度化を武器に既存の金融機関のマーケットに参入しているケースでは，信用力判定を機械学習するためヒストリカルデータ (教師データ) の蓄積や品質がカギとなる．借入を必要とする顧客は適用利率よりも，迅速な対応を選好する傾向があるので，信用力の判定や審査の時間を圧倒的に短縮できた FinTech はそれだけで既存の金融機関に対し競争力がある．例えば Kabbage はおよそ 10 分以内で融資可能となるようである．現時点では十分なデータが蓄積されているとは思えないが，FinTech 企業同士の提携や API 接続による学習データの補完，そして AI モデル導入以降の顧客のデフォルト，支払不能データなども日々蓄積されていくであろうから，既存の金融機関にとっては脅威であることには変わりはない．

1.1.3　カテゴリー 3：既存のサービスの及ばない領域を開拓するもの

図 1.3 に示すのはカテゴリー 3 の主なビジネスソリューションである．このカテゴリーに分類されるビジネスソリューションの 1 つは，既存の金融機関が自分たちのサービスの対象としていない unbank (unbanked, underbanked とも) といわれる貧困層，学生や低信用リスク先に金融サービスを提供することにある．FICO スコア (1.1.6 項参照) などの個人信用情報のシステムが確立している世界では，過去の支払不履行歴などでスコアが下がると，金融サービスへのアクセス

1.3　カテゴリー 3：既存のサービスの及ばない領域を開拓するもの

が狭められる．そういった人について，過去の支払履歴に依存した信用判定は過小評価になってしまっているところに注目し，その人の支払能力をこれまでの審査とはまったく異なる観点，例えば携帯電話などの通話記録，ウェブサイトの利用状況やウェブ上での購入履歴，閲覧履歴，SNS などの交友関係，SNS への投稿などから推定し，融資を試みるサービスである．一説には既存の金融機関の与信判定の項目数 (100〜200) に対し，100 倍程度の項目数があるといわれている．例えば複数の企業の消費者金融サービスのページ閲覧履歴があった場合，個々のページの滞在時間が長いほどクレジットスコアが下がるであるとか，住所やパスワードなどを打ち込むときに入力ミスが多い場合もクレジットスコアが下がるといったイメージしやすいものもあるが，一方で爬虫類ショップで購入歴がある人，つまりは爬虫類を飼育していると想定される人はキチンと借りたお金を返す傾向が強いという，一見しただけでは関係がわからない判定基準もあるようだ．これらのクレジット判定モデルが有効であるとすれば FICO スコアなどの既存の基準の位置づけや存在意義も問われていかざるをえなくなるだろう．またカテゴリー2 でも触れたように，ビッグデータはあるものの，教師として学習する延滞やデフォルトなどの実績はこれから蓄積していく必要があり，当初のモデルの精度というものはそれほど期待できないことには留意が必要である．

　もう 1 つのソリューションは既存の金融機関が気づいてもいなかった新しいビジネスフロンティアを開拓することを目指している．FinTech における革新的なアイデアといわれるパブリック型のブロックチェーンを使った暗号通貨，その取引所，あるいは送金といったサービスがここに属する．ブロックチェーンの技術はオープンなプロトコルをベースにしており，新しい暗号通貨をいくつでも作り出すことができる．ビットコイン以外の暗号通貨はオルトコイン (AltCoin, Alternative Coin) と称されることもあるが，今や市場で観測できる暗号通貨だけでも 800 種類を超えていて，暗号通貨間の競争関係も生じている．値動きも激しく https://coinmarketcap.com に基づき 2017 年 3 月 29 日と 2017 年 8 月 27 日の 2 時点における暗号通貨の時価総額ベスト 10 の比較を表 1.4 に掲載したが，5 か月の間に暗号通貨の時価が大きく上昇していることがわかる．時価総額最大のビットコインは 2017 年 8 月 1 日にビットコイン (Bitcoin) とビットコインキャッシュ (Bitcoin Cash) に分裂したが，両者を合わせた時価総額は分裂前の 3 月時点の 5 倍近くまで上昇し，リップル (Ripple)，ネム (NEM)，ライトコイン (Litecoin)

2017 年 3 月 29 日 （億 US ドル)		2017 年 8 月 27 日 （億 US ドル)	
Bitcoin	168	Bitcoin	718
Ethereum	46	Ethereum	318
Dash	6	Bitcoin Cash	99
Ripple	4	Ripple	79
Monero	3	Dash	29
Litecoin	2	Litecoin	29
Ethereum Classic	2	IOTA	25
NEM	1	NEM	24
Augur	1	Monero	20
MaidSafeCoin	0.7	NEO	19

1.4 暗号通貨の時価総額 (https://coinmarketcap.com を参考に作成)

に至っては 15〜24 倍に高騰した. またこの間, 送金手数料無料など IoT に最適化されているイオタコイン (IOTA) が香港に本拠地を置く取引所 Bitfinex に上場し, 7 位にランクインした.

　暗号通貨は匿名性と換金性が高いため, ランサムウェア (身代金要求型不正プログラム)[1] の身代金にも利用される.

1.1.4 FinTech ビジネスのダイナミクス

　カテゴリー 1〜3 の各企業は, その特徴を生かした FinTech ビジネスモデルをさらに FinTech の分野の中で多角化させたり, その延長で既存の金融サービスへ参入する動きも当たり前のように展開している. 例えばカテゴリー 2 に含まれる決済サービスの Square はモバイル POS システムからビジネスモデルがはじまったが, 利用顧客の売上実績などから信用力を判定し, 運転資金を融資するビジネスへと拡大している. 融資の手数料は 4〜10% と安くはないが, Square で決済する売上から, 一定額が自動引き落としされるので返済の手間が省けるため, より売上を Square に寄せようとするインセンティブも働くことになる. まさにWin-Win の関係構築といえよう. また, P2P レンディングには多重債務者が債務を consolidation (おまとめ) するニーズも多く, Lending Club はそのニーズをさらに推し進め, 自動車割賦のおまとめローンであるオートローンのリファイナ

---

[1] ランサムウェアに感染するとパソコンがロックされてしまったり, ファイルが暗号化され使用不能に陥る. 元に戻すことと引き換えに身代金を要求されるが, 要求に応じてもファイルが回復する保証はない.

ンス事業，事業者向けのおまとめローンとして 5,000〜300,000 US ドルのビジネスローン (含むコミットメントライン)，さらには歯科，不妊治療，増毛，減量などの高額医療の患者向けローン (2,000〜50,000 US ドル，最長期間 7 年) も展開している．

　あるカテゴリーにいた企業が，次のビジネスストラテジーにおいて同じカテゴリー内にとどまっているとは限らず，例えばカテゴリー 1 からカテゴリー 2 やカテゴリー 3 への展開を行っていく，あるいはその逆のパターンも起こっている．そしてその過程でメインビジネスもシフトしていくのである．ブロックチェーンがまさにこの例で，当初はビットコイン用の技術でカテゴリー 3 の象徴的な位置づけにあったものだが，ビットコイン 2.0，イーサリアム，リップル，ハイパーレッジャーファブリック (Hyperledger Fabric)，ステラー (Stellar) などの発展形により契約や認証などのプロセス・情報管理というカテゴリー 1 の領域での実用化に期待が高まっている．リストにはない企業だが Everledger (ダイヤモンドのトレーサビリティー) や Ascribe (著作権タイムスタンプ管理)，5.1 節で紹介するエストニア政府 (国民への公的サービス) がすでに導入し成果を上げている．

　またエコ派生企業として Numerai のような機械学習コンペの上位モデルを採用していく次世代ヘッジファンド，Traity のように SNS や AirBnB などのオンライン上の自分の評判や信用を独自のパスポートに変えて活用できるサービス，暗号通貨の不正を監視する Elliptic のように，FinTech ビジネス盛況により発生する新たなニーズやビジネスチャンスに対応したビジネスソリューションも生まれている．またクラウドプラットフォームを使えば自らの FinTech ビジネスモデルをパッケージにしてホワイトラベル商品・サービスとして販売することも容易にできる．まさにこのような IT 技術を応用した柔軟なビジネス展開が FinTech イノベーションの特徴であるといえよう．

　インターネットやモバイル通信での個人活動情報が把握され，その人物の総合的な分析ができるようになることで，クレジットスコアリングだけにとどまらず，その人物のライフスタイルや嗜好にあったさまざまな商品・サービスの提案，例えば就活，婚活などへの応用も有効性が認められていくだろう．AI が世界の何十億人の中から，企業が求める人材あるいは自分に最もマッチしたパートナーを探し出してくれる時代が来るのかもしれない．

　第 6 章にまとめて記載したカテゴリー別企業・サービスリストに目を通してい

ただければ，FinTech イノベーションのイメージをより具体的にもっていただけるのではないかと思う．詳細についてはその企業のウェブサイトを訪ねていただければと思う．もちろん FinTech 企業はここに挙げた以外にも紹介しきれないぐらい沢山あり，また IBM，Amazon，Google，ソフトバンクなどの大企業からそうでないところも含めて ICT 企業や EC 企業などが FinTech をはじめとする第 4 次産業革命の流れにわれ先にと舵を切っている．

1.1.5　B2B ビジネス事例：Fidor Bank

Fidor Bank は 2009 年にドイツで認可された，支店をもたない 100%オンラインベースの B2B 銀行である (図 1.5)．バンキングとソーシャルコミュニティを融

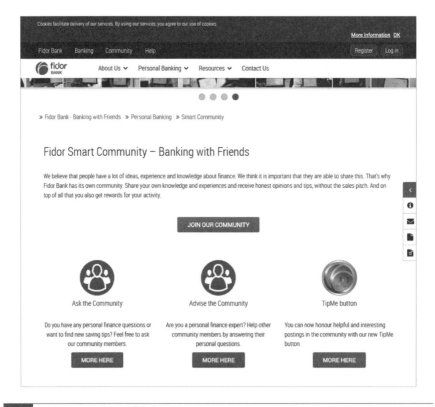

1.5　Fidor Bank のウェブサイトのフロントページ

合したソリューション「コミュニティ銀行」を目指している．Fidor Bank の顧客はメールアカウントや Twitter アカウント，携帯電話の番号でお金の管理や，友人への送金ができてしまう．それだけではなくウェブ上で，暗号通貨の管理，為替レートの確認，他の顧客仲間との交流などを行うこともできるのだ．Fidor Bank は世界ではじめて SNS でのアクティビティを当座貸越利息の金利に反映させた．顧客が Facebook で「いいね！」を数多くつければ，その分だけその顧客の適用金利は下がる．また，コミュニティへの参加でも報奨を得ることができ，例えば他の顧客が投稿した金融関連の質問に回答すると，キャッシュボーナスを獲得できる．さらに Fidor Bank の顧客は，口座の保有資産 (預貯金，投資，暗号通貨など) すべてを 1 つのページで表示できる．まず顧客は上記の機能を利用するために Fidor Smart Current Account (以下，Smart 口座) を開設する．Smart 口座の開設には IDNow というアプリやウェブカメラを使い銀行サイドとビデオ通話によりパスポートなどに関するやりとりをし本人確認を行うので，わざわざ店舗やどこかに出向く必要も，書類のやりとりをすることもない．早ければ数分で口座が開設できる仕組みとなっている．

　次に Fidor Bank が自行独自の顧客からなるコミュニティとして運営している Fidor Smart Community に参加することで，顧客同士でお互いのノウハウや経験をシェアすることができるようになる．前述のようなインセンティブはあるものの Fidor Bank のうたい文句では「宣伝広告の意図のない真摯なアドバイスを受けることができる」とされている．

　これらのプラットフォームはデジタルバンキング部隊である Fidor TecS AG が開発し，実装，運用を行っている．Fidor Bank の革新性はオープン API インフラストラクチャーによる拡張性にある．それによりバンキングミドルウェアである Fidor OS がもたらす最新の機能やコミュニティソリューションが B2B パートナーのサービスを容易に取り込み，Fidor Bank の顧客の利便性を高めている．これは"API バンキング戦略"と称されることもある．Fidor Bank の API 関連のページを見てみれば，Fidor Bank の API の仕様は推奨される RESTful，JSON 形式，OAuth2.0 に準拠していることがわかる．表 1.6 のようにエンドポイント api.fidor.de の情報も整備されている．

　また本番環境のエンドポイントとは別にデベロッパーがテストできるサンドボックス環境も用意されている．

	エンドポイント	用途
GET	/users/current	ユーザー情報の取得
	/customers	顧客個人情報の取得
	/accounts	顧客の口座番号の取得
	/internal_transfers	ユーザーが求めるすべての Fidor Bank 内の送金情報
	/sepa_credit_transfers	ユーザーが求めるすべての SEPA (Single Euro Payments Area) キャッシュレス支払を使った送金
	/batch_transfers	バッチ処理された送金情報
	/transactions	ユーザーが求める取引情報
	/creditor_identities	SEPA 送金用にユーザーが使用する UCI (Unique Credit Identifier) の情報
POST	/customers	顧客の作成
	/internal_transfers	Fidor Bank 内の送金
	/sepa_credit_transfers	SEPA を通る他行送金
	/batch_transfers	バッチ処理での Fidor Bank 内外への送金
	/sepa_direct_debits	新しい SEPA ダイレクトデビットの作成
PUT	/sepa_mandates/:id	SEPA マンデートの更新

1.6 Fidor Bank の API エンドポイント例

API 戦略の一例がイギリスのクラウドファンディングの Seedrs とのパートナーシップである．Fidor Bank の顧客は Seedrs のプラットフォームとつながりベンチャーキャピタルから友人まで，たった 10 ポンドから，あらゆるタイプのファンドへの投資が可能である．Fidor Bank は，顧客が投資でリターンを得た場合のみにわずかな手数料をチャージするが，それ以外は無料のサービスである．このクラウド投資プラットフォームのキャンペーンで 1 億 6,000 万ポンド以上 (1 ポンド 144 円として日本円で 300 億円以上) の投資の実績もできたとされている．

そのほか Fidor Bank は暗号通貨リップルを導入した最初の銀行であり，2014 年にビットコイン取引所である KRAKEN とリップルプロトコルを使った暗号通貨銀行事業で提携をした．

1.1.6 P2P レンディングビジネス事例：Lending Club

Lending Club は 2006 年に米国デラウェアで設立され，2014 年に上場した P2P レンディングプラットフォーム運営会社である．2017 年 6 月時点での累計貸付額は 287 億 US ドルの規模に成長している．米国の個人向け消費者金融業界において，まさに既存の金融システムの破壊者として，無担保借入を利用したい個人と貸し手である投資家を直接つなげることで，両者の利便性を高め，消費者金融の

すそ野を広げている．

P2Pレンディングプラットフォーム事業とは，資格検定に適合した借入希望者が無担保ローンを魅力的な金利で借りる仕組みと，投資家が魅力的と感じるクレジットプロファイル，金利，その他の条件を備えた特定の借入人向け無担保ローンに投資することができる仕組みを同時に備えた，いわば借入者と投資家を対等な立場でつなぐ機会を創出するプラットフォームを提供することである．オペレーションの一部として，借入希望者の本人確認をし，その人のクレジットプロファイルをクレジットビューローと呼ばれる個人信用情報の提供会社から得て，借入希望者のスクリーニングや一定程度までのサービシングを行う．

このビジネスイノベーションの意味するところや成功のポイントを理解する前に，そのサービスについて概要を紹介しよう．

まず借りたい人は，ウェブサイトのフロントページにあるメニュー (図1.7) で，自分の借入希望金額を入力し資金使途とFICOスコアを選択すると，借入金利

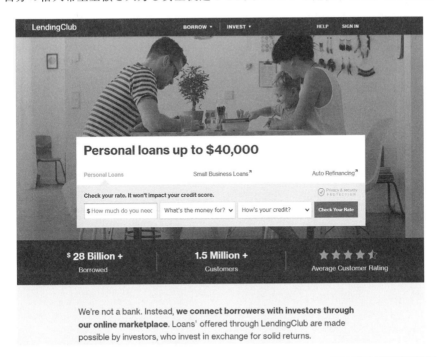

図1.7 Lending Clubのウェブサイト (https://www.lendingclub.com/) のフロントページ

チェック申し込み画面となり，住所，氏名，年収などを申告する仕組みになっている．

FICO スコアとは，借入者を地域や社会的地位などからではなく純粋なファクターから公平に評価するために米国で 1989 年に導入されたクレジットスコアリングシステムによる評点のことである．そこでは個人の信用力を 350 点から 850 点の間で点数づけしている．評価のファクターは①支払履歴，②借入残高，③借入履歴の期間，④新規のクレジット申し込み (新規の問合せ回数などがスコアに影響する)，⑤借入の種類と組合せ，からなる．一般的に 720 点以上は高い信用力があるとされる．

資金使途の種類は以下の 12 種類，

- Credit card refinance (クレジットカードのリファイナンス)
- Debt consolidation (債務の集約)
- Home improvement (家の改修)
- Major purchase (大きな買い物)
- Home buying (家の購入)
- Car financing (車の購入)
- Green loan (環境保護に資する借入．ソーラーパネルなど)
- Business (事業)
- Vacation (休暇)
- Moving and relocation (引越，移転)
- Medical expenses (医療費)
- Other (その他)

FICO スコアの判別は下記の 5 段階になっている．

1) Excellent (720 超)
2) Good (660〜720)
3) Fair (600〜660)
4) Poor (600 未満)
5) Don't Know

借入希望者が入力したこれらの情報やクレジットヒストリーなどをもとに，審査をパスした希望者にアルゴリズムを用いて算出したローングレードを付与する．ローングレードは A1 から G5 までの 35 グレード，グレードごとに借入金利 (5.99

〜35.89%），Lending Club が受け取る手数料 (1〜6%) が決まっている．例えば
グレード A で 6,000 US ドルを期間 36 か月で借り入れるケースで，年利 6.99%，
手数料 3.5% の場合，手数料は 210 US ドル，これを差し引かれた 5,790 US ドル
が口座に振り込まれ，36 か月間の月払額は 185.24 US ドルとなり，手数料控除
後元本に対する年利は 9.41% となる．支払は銀行口座からの自動引き落としとな
るが，引き落としが成立しなかった場合，都度ペナルティフィー (unsuccessful
payment fee) 15 US ドルがチャージされる．さらに 15 日間のグレース期間が経
過しても支払がされない場合には支払遅延金 (late payment fee) として未払い金
に 5% を乗じたものと 15 US ドルの大きいほうの金額がチャージされる．一方で
期限前返済は自由で，手数料もかからない．

　投資家は，Lending Club が発行する Member Payment Dependent Notes (以
下，Notes) の購入者となることで実質的に借入人に貸出を行う．Notes は個々の
ローンを投資家間でシェアし，分散ポートフォリオなども構築できるよう最低額面
金額を 25 US ドルと少額に設定しており，投資家は返済キャッシュフローをプロラ
タで受け取る．Lending Club は 1% の手数料をチャージするが，他方投資家に対
して Lending Club が受け取った支払遅延金その他のペナルティフィーを還元す
ることになっている (ペナルティフィー，check processing fee などの processing
fee などは還元されない)．

　またこのプラットフォームで借入希望人の適格審査において重要な役割を果た
しているのが WebBank (FDIC (連邦預金保険公社) 預金保険適用行，後述参照)
である．WebBank はプログラムに基づき適格となった借入人へローン契約のク
ロージングで無担保ローンを実行し，そのローン契約をすぐさま投資家の購入希
望に従いノンリコースローンとして Lending Club に譲渡する，いわばブリッジ
ローンを供給しこのプラットフォームを支えている．投資家は実行後の購入に備
え審査中の個々の無担保ローン案件をモニタリングすることができる．

　Notes の Prospectus の中で記述されている WebBank のプログラムにおける
審査ポリシーは以下のようなものである (2014 年当時のものでありその後変更さ
れている可能性あり)．

- FICO スコア 660 点以上
- DTI (返済負担率．住宅ローンを除く) 40% 未満
- 住宅ローンと，本ローンを含めた DTI が許容範囲 (30% 以下など) にある

- 個人情報会社からの情報の中で2つ以上の決済口座が稼働している
- 最近6か月の照会が5件以内
- 36か月以上の信用履歴に問題がない

投資家は個人から法人までさまざまであるが，借入者同様 Lending Club のウェブサイトからメンバー登録をし，Lending Club と投資家契約 (Investor Agreement) を結ぶ．投資家にも適格基準があり，カリフォルニア州とケンタッキー州以外の投資家は

- グロスの年収が 70,000 US ドル以上で，住宅，家の調度品，車を除く正味資産が 85,000 US ドル以上

または

- 上記の正味資産が 250,000 US ドル以上

なければならない．

図 1.8 は Lending Club の仕組みをチャートにしたものである．

このプラットフォームにはニーズを取り込み成長している理由が4つほどある．

まず1つ目のファクターは P2P ならではの「見える化」である．自分のローングレード，それに連動した借入金利，全体の金利ならびに手数料マトリックスの中での自分の位置づけ，運営会社の仲介手数料，投資家の受け取る利子など本プラットフォームではさまざまな「見える化」が実現し，自分に合理的な機会が提

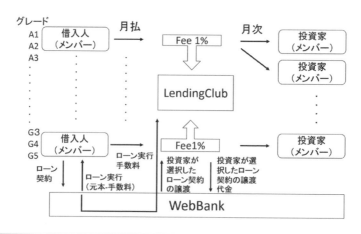

図 1.8　Lending Club の仕組み

供されていると考える当事者の自発的な経済活動が発現している．この「見える化」は，借入人自身に関する部分だけではなく，投資家サイド，オペレーターである Lending Club の手数料も含めたもので，それによりシステム全体への公平感や納得感が得られるものになっている．

日本などの既存の無担保ローンでは，法定上限金利という制約があり，借入希望者に対しては金利ではなく最大どこまで与信枠を設定できるかが審査の中心となる．信用情報会社はあるが，FICO などのスコアリングシステムもなく自分のクレジットプロファイルについてどのようなファクターが考慮されているのか，債務者は確信を持ちづらいであろう．また当然に資金の出どころ，つまり投資家の姿は見えず，無担保ローン会社の調達コスト，あるいは自分との取引から得ている利益もよく見えない．(実質的には「見える化」されていないからといって不当な利益を得ているわけではなく，どちらかといえば過当競争下で各社が個々に顧客のプロファイルを適正なアルゴリズムでスコアリングすることにしのぎを削っているというのが実情であろう．)

2つ目はすべてがウェブ上で完結する「手軽さ」である．

3つ目は商品は 3 年と 5 年の 2 種類のみという商品構成の「単純さ」である．

4つ目は 1 口額面 25 US ドル (2,500 円ぐらい) から投資が可能という「超小口化」である．

WebBank についても注目しておきたい．1997 年にユタ州ソルトレイクシティに設立された FDIC の預金保険適用行である．総資産が 2 億 US ドル強しかないながら従業員 1 人あたりの利益が JPMorgan Chase の 4 倍以上，ROE (株主資本利益率) は 40%を超え最も利益率の高い銀行の 1 つである．50 名以下の従業員数で，Lending Club，PayPal などのバックボーンとして FinTech ビジネスを支えている．

最後に，Lending Club は Kaggle (パブリックなデータセットを集め機械学習のコンテストなどを運営している) に 2007 年から 2015 年に実行されたすべてのローンのデータを提供している．Kaggle のウェブサイトの情報によれば，トータル 135 MB のデータセットは 89 万列 × 75 行からなり，世界中のデータ解析の専門家たちがこのデータを使いデフォルト予測モデルの開発を試みている．これも FinTech イノベーションの派生エコシステムを象徴する現象であろう．Lending Club にとって社内の限られたリソースを使うよりも効率的で，ともするとはるか

に高度な分析やモデルが手に入れられる可能性があることは容易に想像できる.

1.1.7 モバイル送金サービス事例：M-Pesa

M-Pesa は，ケニアの通信キャリア Safaricom が運営するモバイル送金サービスのことで，M はモバイル，Pesa はスワヒリ語でお金を意味する．具体的には携帯電話から SMS (ショートメッセージ) を送ることで，送金や預金，引き出しなどの金融取引が，銀行口座をもたずにできるという画期的なサービスである．M-Pesa は当初，マイクロファイナンス (貧困層向け小口融資) のプラットフォームとしてパイロット運用されたが，送金機能の利用率が高かったことから，2007年，最終的に送金サービスとしてスタートした．以降，爆発的にユーザーが増え，今やケニア国民の 70%が利用し，その取引額は年間 4.2 兆ケニアシリング (以下，Ksh)，日本円でおよそ 5 兆 3000 億円にものぼる (Safaricom 発表，2015 年)．ケニアの GDP の 43%が M-Pesa 上で取引されているといわれており，最近ではケニア国外までその利用が広がっている.

このビジネスイノベーションの意味するところや成功したポイントを理解する前に，そのサービスについて紹介しよう．M-Pesa の主たるメニューは以下の通りである.

- **Send money** (送金)　相手の携帯番号，送金額，あらかじめ設定した暗証番号を入力した SMS を送信するだけで，M-Pesa の口座から任意の相手に送金できる.
- **Withdraw Cash** (引き出し)　金額，代理店番号，暗証番号を M-Pesa 代理店の端末画面上で入力し，身分確認をすればその場で現金を引き出せる.
- **Buy airtime** (通話料購入)　M-Pesa アカウントの残高から通話料を購入する．自分の通話料のみならず他人の通話料も購入できる．所得の低い層では携帯電話の継続契約ではなく，プリペイド方式が一般的である.
- **Loans and Savings** (銀行口座機能)　預金やローンといった，いわゆる銀行口座の機能．M-Pesa とは別に登録が必要.
- **Lipa na M-Pesa** (支払・決済)　電気代や水道代・学費などの支払を自動的に決済してくれる.
- **My account** (アカウント情報)　自分のアカウント情報の確認や各種変更ができる.

1.1 ビジネスソリューション　　　　　　　　　　　　　　　19

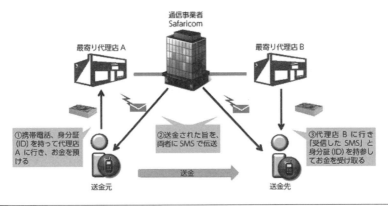

1.9　M-Pesa のサービス [3]

　M-Pesa のアカウント情報は，すべて携帯電話の SIM カードに集約されている．ケニアでは，18 歳になると国民 ID カードというものが配布され，それをもってはじめて SIM カードが購入可能となるため，携帯電話が身分証明書がわりとなる．このように SIM カードが国民 ID とリンクしていることが取引認証の軸であり，M-Pesa 普及のカギともなっている．図 1.9 に示すように，送金元は，送金額を最寄りの M-Pesa 代理店 A で支払い，携帯で SMS を送る．送金先はその SMS を近くの M-Pesa 代理店 B で提示し送金額を受け取る．運営の中心は Safaricom だが，ケニアの商業銀行数行もかかわっている．

　M-Pesa の手数料体系は送金額のバンドごとに以下のように固定金額で設定されている．

　　10〜49 Ksh では 1 Ksh (10〜2%)
　　50〜100 Ksh では 1 Ksh (2〜1%)
　　101〜500 Ksh では 11 Ksh (11〜2.2%)
　　501〜1,000 Ksh では 15 Ksh (3〜1.5%)
　　　⋮
　　20,001〜70,000 (上限) Ksh では 110 Ksh (0.55〜0.157%)

そのため各バンドの上限に近いほど有利となり，ユーザーはそこに集中していると思われる．また少額の送金についての手数料は最低でも 2%程度でケニアの人にとっても決して割安というわけではないであろう．なお 1 取引あたりの上限金額は 70,000 Ksh，1 日あたりの上限金額は 140,000 Ksh に決められている (1 Ksh

＝ 約 1.2 円).

　M-Pesa のストラクチャーについて弱点はないのだろうか．資産の保全につい
て多くの人が，M-Pesa 上で発生する資金は Safaricom が管理していると思って
いるが，実際は，M-Pesa 上の資金はケニア政府の監督下にあるいくつかの商業銀
行に預け入れ信託されているので，Safaricom の管理外にある．たとえ Safaricom
が倒産しても，債権者は手をつけられず，M-Pesa の資産は保全される．また資金
の出どころについて M-Pesa は銀行システム外から現金を用意しているとの懸念
があるが，実際は，M-Pesa を通じて動くお金は 100％前述の商業銀行口座にプー
ルされた資金を原資としている．代理店は M-Pesa やユーザーに対して資金を供
給していると誤解されるが，これら代理店は事前に M-Pesa のモバイルマネーを
購入しており，現金を入金したいユーザーに対してそのモバイルマネーを売って
いる．つまり代理店は運転資金を回しているのであって，誰かの資金を仲介して
いるのではない．現金が出金される際には代理店はユーザーに現金を渡し，モバ
イルマネーを代わりに買う．結果，現金とモバイルマネー残高を常に保有してい
る．代理店はいわば M-Pesa のヘビーユーザーである．

　取引の監督体制もある．M-Pesa 上の取引はすべて，Safaricom によってモニ
ターされていて，銀行並みのマネーロンダリング監視システムが働いており，CBK
(ケニア中央銀行) は定期的な報告を受けている．M-Pesa の存在感が増したこと
によるシステミックリスクについては，CBK によれば，モバイルマネーの取引は
国家で決済される金額の 6.59％，件数の 66.56％にすぎず，金額という観点で見れ
ば必ずしもシステミックリスクを懸念するステージには至っていない．しかしな
がら，M-Pesa はケニアのあらゆる経済活動へ浸透し，金融取引での利用の高ま
りとも相まって，今やその安全性は金融取引の安全保障への一般認識に影響しう
るスケールだろう．M-Pesa の代理店の監督については，まず代理店になれるか
どうかは，Safaricom によるデューディリジェンスとトレーニングの後決定され
る．定期的にモニターされ，再研修もあり，Safaricom の担当者が代理店を 2 週
間ごとに訪問する．この仕組みはすべての代理店に適用されているので，M-Pesa
ユーザーはケニア中のどこでも同じサービスを受けることができる．

　さて，なぜこのビジネスモデルがこれほどまでに急速にケニアで浸透したのか，
その理由について考えていきたい．

　まず 1 つ目にケニア人の「ライフスタイルにマッチしている」ことが挙げられ

る．都市部では現金を持ち歩かない生活が可能だが，半自給自足の農村部では現金が必要となる．しかし治安が悪く，現金を家で保有したり持ち歩いたりするのは危険でもある．そんな農村部の人々の生活に，現金を持ち歩かずにすぐに現金が引き出せたりする M-Pesa がマッチした．2 つ目にケニアの「回線事情にマッチしている」ことが挙げられる．M-Pesa はインターネット回線を介さず，携帯電話の回線で使える．このことが，固定電話の普及率は低いが携帯電話の普及率は高い，ケニアの回線事情にマッチした．M-Pesa はフィーチャーフォン (日本でいうところのガラケー) の機能があれば利用できることも，高価なスマホユーザーがまだ少ないケニアでも普及した要因である．Safaricom の携帯電話の契約者数は2001 年には 1.7 万人だったが，2010 年に一挙に 1,200 万人に増え，さらに 2015年には倍の 2,500 万人 (ケニアの全人口は 4,400 万人未満) まで膨れ上がった．これは，成人の携帯電話所持率 100% 以上を意味する．3 つ目は「簡単な口座開設」である．M-Pesa の口座は，Safaricom のショップや，農村部の商店街には必ずある M-Pesa の代理店に行き，パスポートで本人確認をし，SIM カードと PIN 番号を提出，そして現金をデポジットする，という 3 ステップで完了する．所要時間は実に 5 分である．4 つ目は「誰でも代理店になれること」であろう．M-Pesaというシステムでは，携帯電話をもってさえいれば誰でも代理店になれる．その結果，代理店が爆発的に増加し，店舗数は 10 万軒以上 (ちなみに日本のコンビニの店舗数は 5 万軒) となっている模様である．ほとんどの店舗は日本のコンビニにあたるキオスクを片手間でやっている．農村部の無電化の村であっても，いたるところに M-Pesa の代理店があり，ケニアでは，公共料金や教育費の支払から給料の受取まで M-Pesa で行われているのだ．

さて，CBA (アフリカ商業銀行) と KCB (ケニア商業銀行) は，M-Pesa と連携する M-Shwari，KCB M-PESA という商品サービスをそれぞれ提供している．M-Shwari は，M-Pesa を介して提供される預金とローンのサービスであり，M-Pesa とは別に CBA に口座を開かなくてはならない．したがって，M-Shwari はあくまでも CBA の商品であり，M-Pesa は単にそれへのアクセスプロバイダーにすぎない．KCB M-PESA も同様である．前述の通り，M-Pesa のバックボーンを支えているのは既存の商業銀行である．そして今やその関係が進化し，商業銀行側も M-Pesa ユーザーを潜在的な顧客層として取り込み，両者の関係が共生の形に変わりつつあるのだ．この 2 つの無担保ローンを比較してみたのが表 1.10

	M-Shwari	KCB M-PESA
プロバイダ	CBA	KCB
最低金額	100 Ksh	50 Ksh
最高金額	100,000 Ksh	1,000,000 Ksh
限度額確認方法	一定金額をデポジットする	844#にダイヤル，USSD コードをプッシュ
暗証番号の変更	M-Pesa と同じ	口座開設後変更可能
返済期間	1 か月	1 か月，2 か月，6 か月から選択

1.10 M-Pesa と連携した銀行の無担保ローン商品

である．類似の商品だが設定条件により商品を差別化している．

Safaricom にとって今まで独壇場で，ほとんど競合がなかった状況も変化している．最近になって，ケニアの通信当局は Equity Bank を含むいくつかの仮想移動体通信事業者 (Mobile Virtual Network Operator, MVNO) にライセンスを供与した．これにより，Equity Bank は Safaricom に依存することなく，(SIM オーバーレイ技術を使って) 信頼性のあるモバイルチャネルにアクセス可能となり，顧客にサービスを提供できる．Safaricom はこれらの変化に挑戦すべく，対応をはじめなければならなくなった．手始めに，M-Pesa の代理店にほかのモバイルマネーサービスの取り扱いを解禁した．

M-Pesa がここまで浸透した今でも，ケニアでは現金が圧倒的なシェアを占めている．ケニア人の 62% がモバイルマネーのユーザーであるが，近ごろリリースされた調査結果によると，低所得世帯では支出額のわずか 1%，合計額の 3% が電子取引によるものだった．犯罪については，Safaricom が詐欺の摘発に積極的に取り組んでいることもあり，詐欺によるユーザーの被害は減少している．問題は代理店の被害である．これは東アフリカ全体の問題ともいえるが，代理店の武装強盗からの保護について，ほとんど対策が打ち出されていない．また，M-Pesa の送金手数料は金額にかかわらず一定であり，その体系はリニア (線形) ではない．そこで Safaricom は，少額送金の手数料を下げる一方で，高額送金の手数料を上げた．これは，ライバルの Equity Bank に対抗したものと思われるが，一晩にして 67% の手数料率下げを実行できるということが Safaricom のマージンがいかに高いかを物語っている．M-Pesa 代理店の利益はどのくらいであろうか．世界最大のモバイルマネーのネットワークであり，代理店は 1 日平均 46 件の取引を決済する．しかし，1 か月の利益は 70 US ドルであり，ウガンダの 78 US ドル，タンザニアの 95 US ドルを大きく下回る．これは，近隣諸国の代理店が複数のマネー

サービスを取扱いできるのに対して，M-Pesa の代理店は Safaricom の取引のみに制限されていることによると思われる．

　貧困層の間でも M-Pesa は普及しつつある．2008 年では首都ナイロビ以外の 1 日の収入が 1.25 US ドル未満の世帯のうち，M-Pesa 利用率は 20％未満だった．それが 2011 年には 72％になり，直近ではさらに上がっている．しかしながら農村部の住民，貧困ライン未満の層や女性は，残念なことにこれらの付加価値の高いサービスをそれほど使えていない．

　一方，ケニアにおける M-Pesa の成功を自信に Safaricom の親会社である Vodafone は国境を越えて南アフリカ，アフガニスタン，インド，はてはルーマニアへそのビジネスモデルを展開している．しかしながら現実はそれだけにとどまらない．同種のモバイル送金サービスが地球上のあちこちでまるでカンブリア紀のように一斉に発生したのだ．例えばインドでは Vodafone, PayTM, BSNL, Airtel, IDEA などがモバイルウォレット市場でしのぎを削っており，群雄割拠の様相を示している．当然に値下げ競争が激しくなり，ついには 2017 年 3 月，Vodafone と IDEA の合併合意のニュースが出るなど状況は合従連衡へとシフトしている．また自然な成り行きで各国のモバイル送金サービスは相互につながり，クロスボーダーの送金も可能になっている．例えばオーストラリアからフィリピンに送金するにはモバイル送金サービス mHITS を使い SMS で以下の情報を打ち込むだけでよい．

　　mobile number (受取人の携帯電話の番号)
　　amount (送金したい豪ドル建ての金額)
　　first name (受取人の下の名前)
　　last name (受取人の苗字)
　　address (受取人の住所)

　SMS の送り先は mHITS の専用電話番号である．上記の内容を SMS で送信すると，4 桁のワンタイム承認コード付きのコンファメーションメッセージが送られてくるので，それを打ち込んで返信することで完了する．プロセスにかかる時間は長くても数分であろう．例えば 100 豪ドル送るのに手数料が 5.5 豪ドルかかるが，銀行の窓口に行って煩雑な手続きをする時間と手間，銀行にたどり着くまでにかかる交通費を考えれば，少々手数料が高くても，手軽なサービスを利用する人のほうが多いだろう．100 豪ドルは手数料 5.5 豪ドルを差し引かれ，コンファ

メーションに記載された為替レートでフィリピンペソに変換され受取人に届く.

　国際的な競争激化の中, Safaricom の携帯電話ビジネス展開も, いつまでも M-Pesa のみにとどまっているわけにはいかなくなった. 2015 年に発表された M-Akiba は世界で最初の携帯電話専用国債となる見込みだ. M-Akiba プロジェクトにはケニア財務省, CBK, 資本市場庁, ICT 庁などが参画している, いわば国を挙げてのプロジェクトである. Akiba はスワヒリ語で予備, 貯えを意味する. 携帯電話でケニア政府が発行する M-Akiba 債が 3,000 Ksh (日本円で 3,600 円程度) という小口から購入できるようになる手軽さは, 文字通りケニア国民の資産形成, 貯蓄率向上に大きな影響をもたらすことになるであろう.

　　〔参考〕「10 things you thought you knew about M-PESA」[4],「42% of Kenya
　　　　　GDP transacted on M-pesa and 9 takeaways from Safaricom results」[5],
　　　　　「7 quick differences between M-Shwari and KCB M-Pesa」[6]

1.2　クラウドプラットフォーム

　昨今の FinTech ブームにおいて, XaaS (X as a Service) と呼ばれるクラウドコンピューティングサービス (以下, クラウド) が果たす役割は大きい. クラウドとは, クラウド事業者が提供するサーバーやアプリケーションといったコンピュータリソースを, ユーザーがネットワークを介して利用するという考え方のことである. NIST (米国国立標準技術研究所) [7] によれば, クラウドは以下の 5 つの基本的な特徴と 3 つのサービスモデル, および 4 つの実装モデルによって定義される.

　┌─ 基本的な特徴 ──────────────────────

　　1) オンデマンド・セルフサービス (on-demand self-service)
　　2) 幅広いネットワークアクセス (broad network access)
　　3) リソースの共用 (resource pooling)
　　4) スピーディな拡張性 (rapid elasticity)
　　5) 計測可能なサービス (measured service)[*2]

────────────────────────────────

[*2]　計測可能とは使用料金が従量課金または従量請求ベースで計算されることを指す.

┌─ サービスモデル ──────────────────────

  1) SaaS (Software as a Service)

  2) PaaS (Platform as a Service)

  3) IaaS (Infrastructure as a Service)

└─────────────────────────────────────

┌─ 実装モデル ────────────────────────

  1) プライベートクラウド (private cloud)

  2) コミュニティクラウド (community cloud)

  3) パブリッククラウド (public cloud)

  4) ハイブリッドクラウド (hybrid cloud)

└─────────────────────────────────────

　本節ではまず歴史的な経緯からクラウドコンピューティングとはなにかを定義し，上記サービスモデルおよび実装モデルの区分に従ってそれぞれのモデルを解説する．最後に，既存のサービスの及ばない領域を開拓するものの一例として，BaaS (Blockchain as a Service) の事例を紹介する．

1.2.1　クラウドとは

a.　クラウド登場以前の情報処理システム

　クラウドが登場するまでの情報処理システムの歴史について図 1.11 に示した．1980 年代には，メインフレームと呼ばれる大型汎用コンピュータを用いたシステムが用いられていた．同システムでは，クライアント側の端末には入力と出力表示機能しかなく，アプリケーションとデータをすべてメインフレームに集約して処理が行われていた．

　1990 年代に入ると，クライアント端末が高機能化し，クライアントサーバーモデルというシステムが主流となった．クライアントサーバーモデルでは，クライアント端末ごとに処理能力をもたせ，それぞれの端末で分散させて処理を行っていた．

　2000 年代以降は，ネットワークの高速化を背景として，ネットワークコンピューティングというシステムが利用されるようになった．ネットワークコンピューティ

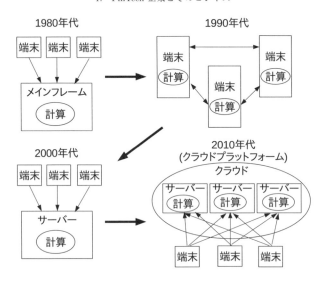

1.11 情報処理システムの歴史

ングシステムでは，社内システムがネットワーク上に構築され，社内サーバーで集約的に処理が行われるようになった．

b．クラウドの登場

丸山 [8] によれば，クラウドという概念が登場したのは Amazon が EC2/S3 サービスを開始した 2006 年のことである．Amazon EC2/S3 はネットワークを通じてコンピューティング処理能力およびストレージを提供するサービスである[*3)]．これらのサービスにおいて，ユーザーは従量制の利用料金を支払うことで，ウェブ上から簡単かつ迅速にキャパシティーの増減を行うことができる．こうしたサービスを利用するユーザー側のメリットとして，以下の 3 点が挙げられる．

[*3)] 丸山 [8] では Amazon がこうした技術を考案した背景として，大規模な EC サイトの困難な運営の経験から，リソースを合理的に管理する必要性があったことを挙げている．

1.2 クラウドプラットフォーム   27

┌─ クラウドのメリット ──────────────────────────────┐

- 必要なときに必要な分だけリソースを利用するため，経済的である
- 自前でシステムを構築する場合 (オンプレミス) と比較して，短期間でシステムを構築できる
- システム構築後のサーバー管理などの手間が省ける

└──┘

　クラウドの普及した社会的な背景としては1990年代以降のインターネットの爆発的な普及とネットワークの高速化，利用料金の低価格化が挙げられる．また，技術的にはサーバーの仮想化技術や分散計算技術などが寄与した [*4)]．

　以上がクラウドの概要であるが，クラウドは提供されるリソースやその方法によっていくつかのタイプに分類できる．次項以降ではそれぞれのタイプについて解説する．

1.2.2　サービスモデル

　本項では NIST [7] の定義に従い，3つのサービスモデルについて解説する．各サービスモデルの違いについては，図 1.12 に示す通り，アプリケーション，ミドルウェア，OS，ハードウェアの4層のうち，どの層までユーザーに提供されるか

1.12　サービスモデルの分類 (太枠内がクラウド提供者が管理する範囲)

────────────────────────────────────

*4)　本書ではこうした技術の詳細については触れないが，概要については林 [9] などがわかりやすい．

という観点で考えるとわかりやすい．

a. SaaS

SaaS (Software as a Service) とはネットワークを介してクラウド事業者が提供するソフトウェアを利用すること，もしくはその提供形態のことである．クラウド事業者はユーザーに対して図 1.12 のアプリケーションのみを提供する．ユーザーは提供されたアプリケーションを使うのみで，それ以下の階層については管理したりコントロールすることはできない．

代表的な SaaS として Google Apps が挙げられる．図 1.13 に示したように，Google Apps ではメール，カレンダー，オフィスなどのソフトウェアが提供され

Google Apps のアプリケーション

Google Apps の全てのアプリケーションは、ウェブブラウザだけで利用可能。どこからでもデータにアクセスすることができ、異なる OS や端末間でも問題なく共有できます。

 Gmail

1人 30GB の大容量。ラベルによる管理と強力な検索機能で整理も不要。迷惑メール・ウイルス対策も標準装備。

もっと詳しく ▶

 Google カレンダー

社内全体やグループでスケジュール共有が可能。会議の招待や出欠確認も一目でわかる。携帯からの閲覧も。

もっと詳しく ▶

 Google ドライブ

あらゆる形式のファイルを安全に保管、共有。Windows や Mac、Android、iPhone、iPad からもご利用できます。

もっと詳しく ▶

 Google ドキュメント

文書・表計算・プレゼンテーションファイルの作成はウェブで完結。複数ユーザーにより共有や共同編集も。

もっと詳しく ▶

 ハングアウト

手軽なテキストチャットと最大 15 ユーザーまで参加可能なビデオチャット。モバイルでも利用可能。

もっと詳しく ▶

 Google サイト

社内ポータルサイトも簡単に作成。専門知識は不要、カスタマイズも簡単、情報へのアクセスと共有ができます。

もっと詳しく ▶

1.13 Google Apps のアプリケーション

ており，ユーザーはウェブブラウザを通じてこれらを利用する．

ウェブブラウザ上ですべてが完結するため，ユーザー側に端末のソフトウェアのインストールやアップデートといった手間は発生しない．また，スマートフォンなどの携帯端末でも容易にソフトウェアへのアクセスが可能となる．

b.　PaaS

PaaS (Platform as a Service) とは，アプリケーションの実行環境や開発環境をクラウド事業者が提供するサービスである．PaaS のユーザーは図 1.12 のミドルウェア以下の階層を提供され，クラウド上で開発を行うこととなる．ミドルウェア以下の階層についてはユーザー側で管理したりコントロールすることはできない．

ユーザー側としては自前で開発用の環境を構築する必要がないため，より短期間でアプリケーションを開発できるというメリットがある．また，SaaS と同様にサーバーやネットワークの保守などの手間が低減される．代表的な PaaS として，Microsoft の Azure がある．後述する BaaS も PaaS の一種である．

c.　IaaS

IaaS (Infrastructure as a Service) では，クラウド事業者により CPU，ストレージ，ネットワークその他の基礎的なコンピュータリソースが提供される．ユーザーはクラウド上で OS やミドルウェアを含めた任意のソフトウェアを実装することができる．

ユーザーはサーバーなどのハードウェアを購入することなく上記のコンピュータリソースを利用することができるが，SaaS や PaaS と異なり，OS やミドルウェアの保守管理などはユーザー自身で行う必要がある．代表的な IaaS として，前述の Amazon EC2/S3 が挙げられる．

1.2.3　実装モデル

クラウドサービスはクラウドの利用者や構築される場所，運用を行う事業者によって呼び方が異なる．

a.　プライベートクラウド

企業の社内データセンターなどで構築されるクラウドサービスをプライベートクラウドと呼ぶ．プライベートクラウドは社内ネットワークなどを通じて自社の社員のみに提供される．仮想化技術や分散技術などを利用することで，社内のコンピュータリソースを効率的に配分できるというメリットがある一方で，クラウ

ドの運用は自社で行う必要があるため，導入にあたっては高い技術力と運用ノウハウが必要となる．

b．パブリッククラウド

パブリッククラウドとは，クラウド事業者が所有，管理，運用するサービスをインターネットを通じて利用する形態のことである．クラウドのコンピュータリソースは広く一般の利用目的に対して提供される．ユーザー側としては自社内にIT 資産を保有する必要がない．また，運用や管理については基本的にクラウド事業者が行うため，ユーザー側の負担が少ないというメリットがある．

c．コミュニティクラウド

コミュニティクラウドは共通の目的をもった複数の企業によって利用されるクラウドである．クラウドの所有，管理，運用については，1つまたは複数の組織，第三者もしくはそれらの組合せによって行われる．プライベートクラウドとパブリッククラウドの中間的な形態であるといえる．

d．ハイブリッドクラウド

ハイブリッドクラウドとは，上記 3 つの実装モデルの複数を組み合わせたものである．各クラウドは独立の存在であるが，必要に応じてそれらを結合し，データとアプリケーションの移動可能性を実現している．

1.2.4 BaaS

BaaS (Blockchain as a Service) とは PaaS の一種であり，クラウド上でブロックチェーンの開発プラットフォームを提供するものである．Microsoft は 2015 年11 月，同社のクラウドサービスである Azure 上の開発環境の 1 つとして，BaaSを発表した [10]．Chinaka [11] では同サービスについて，Azure のほかのプラットフォームと組み合わせて相互運用が可能である点を評価している．また，Petersand Vishnia [12] では JPX (日本取引所グループ) を含めた各国の証券取引所において，取引の精算，決済業務へ BaaS の応用が検討されていることが示されている．

金融機関でのブロックチェーン技術への関心は高いものの，実際には技術的な面でハードルが高いというのが現状である．BaaS を利用することで，金融機関は容易にブロックチェーン技術の開発，テスト，運用が可能となり，ブロックチェーン技術導入の敷居が以前よりも低くなるものと思われる．

1.3 FinTechテクノロジー

1.3.1 ビッグデータ

ビッグデータとはなにか．データの利用者によってその定義は異なり，時が経つにつれて定義そのものが揺れているのが現状だ．もちろん「大量データ」であるという観点はどの定義にも含まれるが統一的な定義はされていない．ただし，一般的な特徴として，多量性，多種性，リアルタイム性などは挙げられるのではないか．現代のICTの発達は著しいものであり，従来では収集・蓄積ができなかった大規模かつ多種多様なデータを利用したデータ解析が可能となった．

a. ビッグデータの構成

ICTの発達により，さまざまなデータを生成・収集・蓄積できるようになった現代においては，POS (Point of Sales) データや顧客データ，株価データなどの構造化データに加え，SNSなどのテキストデータやインターネット上の映像データ，GPSデータ，ICカードなどにより検知され送信されたデータなど，非構造化データもデータ分析において欠かせないものとなっている．

図1.14は，2013年に総務省の情報通信白書[13]に発表された，構造化データと非構造化データの蓄積されたデジタル情報量の推移を示している．1990年頃からインターネットの普及とともに非構造化データが飛躍的に増加しているのがわ

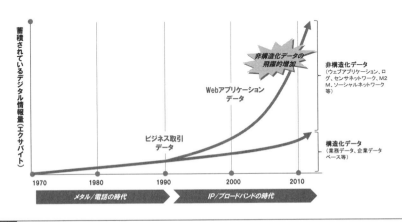

図1.14 構造化データ・非構造化データの蓄積 [13]

かる.

　金融機関においても，従来は株価データや企業の財務データを用いて，株価予測モデルや企業の信用リスクモデルなどの作成が行われてきたが，近年登場しているFinTech企業では，SNS上の画像データやテキストデータなどの非構造化データを活用することで，従来は分析ができなかった層の信用リスクモデルなどを作成し，新たな収益源につながる顧客層の開拓を行っている.

b. Hadoop概要

　大規模な非構造化データを収集・蓄積するのに適したフレームワークとして，Hadoopの利用が挙げられる．Hadoopとは，分散処理技術によって大規模データを複数のサーバーに分散し，並列して処理するオープンソースのミドルウェアである．Googleが論文として公開した，GFS (Google File System：Googleの分散ファイルシステム．検索サービスで扱うウェブページの情報を保存する) およびGoogle MapReduce (Googleでの分散処理技術．検索用インデックスを作成する) をもとに，D. Cuttingを中心としたApacheコミュニティのメンバーがJavaベースでHDFS (Hadoop Distributed File System：Hadoop分散ファイルシステム) およびHadoop MapReduce Framework (Hadoop MapReduceフレームワーク) を開発したことがはじまりである.

　なお，HadoopはJavaでコマンドを書くことを想定してつくられたものだが，Hadoop Streamingという機能を利用することで，Unixの標準入出力を介してデータの受け渡しをすることができ，これを用いてPythonでMapperおよびReducerのコマンドを書くことができる.

　例えば，以下のような手順で文字列を分割し，同一単語数を数え上げるプログラムをPythonで書くことができる.

Preparation　input.txtに"a a b b b c"を代入

```
$ echo "a a b b b c" > input.txt
```

ソースコード 1.1　Python2.7 mapper.py

```python
1   import sys
2
3   for line in sys.stdin:
4       for word in line.strip().split():
5           print '{0}\t1'.format(word)
```

1.3 FinTech テクノロジー　　　　　　　　　　　　　　33

ソースコード **1.2** Python2.7 reducer.py

```python
import sys
from collections import Counter

counter = Counter()
for line in sys.stdin:
    word, count = line.strip().split('\t')
    counter[word] += int(count)

for word, count in counter.most_common():
    print '{0}\t{1}'.format(word, count)
```

Hadoop move input.txt input.txt を HDFS に転送

```
$ hadoop fs -put input.txt
```

Hadoop execution 以下のコマンドで実行

```
$ hadoop jar hadoop-streaming-***.jar -mapper mapper.py -reducer
    reducer.py -file mapper.py reducer.py -input input.txt
    -output wc.out
```

Hadoop result 出力結果は以下の通り

```
$ hadoop fs -cat 'wc.out/part-*'
a   2
b   3
c   1
```

　大規模なデータの処理方法として，アルゴリズムの高度化やコンピュータ性能の向上で対応する方法もあるが，Hadoop の場合はコンピュータの台数を増やし分散処理することで大規模なデータを処理することを可能とする．つまり，並列に用意されたコンピュータを Hadoop の制御下におくことで，処理を各コンピュータに分担させ，あたかも1つの巨大なコンピュータが処理を行っているかのようなコンピュータ群を生成するわけだ．単にノードを追加するだけで，コンピュータ群全体の性能を向上させることができ，簡単にシステムの規模を拡大できることが優れた点である．

　また，従来型のデータベースでは，基本的にデータを前処理してから保存する必要があり，多種多様な非構造化データを取り扱う上では事前にすべて定型を決

めることは困難である．一方で Hadoop は非構造化データを取り扱う上で，柔軟な対応が可能な仕組みになっており，データ収集の際にすべての定型を決める必要はなく，処理方針を決めてから後でデータの定型を決めることが可能な点が優れている．

Hadoop は大規模データの収集および保管に適したプラットフォームであり，必然的に保管した大規模データをどのように利用するか，どう解析するかといったことが次のステップとして重要になるだろう．

c. 金融機関とビッグデータ

金融機関には，その潜在的な価値を活かしきれていないデータが膨大に蓄積されている．図 1.15 は日本銀行の IT を活用した金融の高度化に関するワークショップ [14] で紹介されたものだが，従来利用されてきた顧客情報や取引情報などに加え，大量の取引ログデータ，営業報告などのテキスト情報，コールセンターの音声情報，ATM の監視カメラなどの画像データなど，さまざまな非構造化データが金融機関に蓄積されていることがわかる．ICT が高度化した現代においては，M2M (Machine to Machine) のセンサー情報や SNS 情報など，新たに入手可能となったデータも飛躍的に増加している．

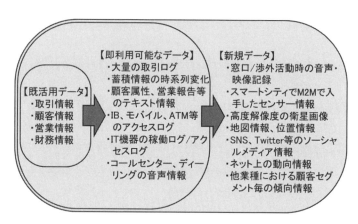

1.15 銀行に蓄積されるデータ [14]

しかしながら，金融機関では個人情報などの活用に厳しい制限があり，その利用目的などが制限されている状況下において，ビッグデータの利活用がプライバ

シー侵害などとして指弾されるリスクを高める可能性を秘めているため，その取り扱いには十分注意が必要である．

金融機関におけるビッグデータの利用の類型として，個人情報などを利用したマーケティングや本来業務の高度化，外部データを取り入れた経営判断などが挙がるが，本来業務の高度化については，従来の目的でビッグデータを利活用するため，最もプライバシー侵害などのリスクが低く取り組みやすいだろう．

1.3.2　ディープニューラルネットワーク

AIが注目を集める中，技術的な背景として重要な役割を果たしているのがディープニューラルネットワーク (Deep Neural Network, DNN) である．ディープニューラルネットワークとは，機械学習のアプローチの一種であるニューラルネットワークを応用したものであり，2000年代後半の技術的な発展以降，注目を集めている．注目されるようになったきっかけの1つとして，2012年にトロント大学のHinton教授が，画像認識のコンテストでディープニューラルネットワークを用いて，既存の手法を凌駕する結果を残したことが挙げられる．それ以降，画像認識や音声認識の分野において優れた性能を示し，さまざまな研究が行われ発展を遂げてきた．これらの分野では，すでに人間の精度を超える優れたパフォーマンスが報告されている．また，画像認識以外の分野でも例えば，囲碁においてディープニューラルネットワークを活用したソフトがプロ棋士に勝つといった出来事が起きている．なお，AI＝ディープニューラルネットワークではなく，あくまでAIにおける1つの手法である．その他，SVM (サポートベクターマシン) などの機械学習のアプローチもAIの手法として位置づけられている．

a.　ニューラルネットワークとは

ヒトの脳には，「ニューロン」と呼ばれる神経細胞が数百億存在している．「ニューロン」同士は互いに連結しており，巨大なネットワークを構築している．隣接する「ニューロン」からの信号の入力が一定値を超えると，次の「ニューロン」に対して信号を送り出す神経伝達を行う．「ニューロン」のモデルを示したのが図1.16である．こうした働きをもとにヒトの脳は活動しており，その中の1つの活動として画像を認識したり，音声を認識したりしている．この構造を人工的に表現したものがニューラルネットワークモデルである．ニューラルネットワークのイメージを示したのが図1.17である．ニューラルネットワークの考え方自体は，

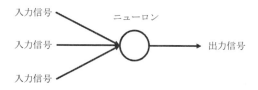

1.16 ニューロンのイメージ

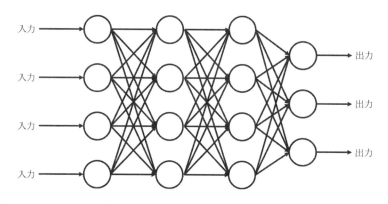

1.17 ニューラルネットワークのイメージ

1950年頃からあるものの，実際に構造をデータから推定することが難しく，近年の発展以前は，2，3層程度の推定までが限界で，複雑性は限定的であった．

ディープニューラルネットワークは，ニューラルネットワークを3層以上の多層の構造にしたものをいい，さまざまな技術的発展により構造の推定が可能となっている．技術的な発展に加え，最近のコンピュータの進歩も重要な要素となっている．

b．ディープニューラルネットワークの特色

ディープニューラルネットワークの特色としては，精度がよいという点がまず挙げられるが，精度がよいことの背景について，いくつかその特色を述べる．

1) **特徴抽出** まず，モデルの推定において，特徴量の抽出をモデル自体が行うことが挙げられる．AIが大量の画像群の中から猫の特徴を抽出したと話題になったのは，この特徴量の抽出を意味している．一般的な回帰分析などの従来の手法は，入出力の構造を分析者があらかじめ与えているという特徴が挙げられる．一方で，ディープニューラルネットワークでは，デー

タをもとにモデル自体がその特徴量を推定し，その構造をモデルに織り込むということを行ってくれる．図 1.17 の各接続部分の重みづけが柔軟な構造の表現を可能としているためである．

2) **大量データの必要性**　特徴量を抽出するには，多くの学習データを必要とするということも特色である．このため，前項のビッグデータとも関連があり，親和性もある．また，インターネットを介して大量の画像データが分析に利用できる環境が整ったことも画像認識の分野でディープニューラルネットワークが発展したことの支えとなっている．一方で，データが十分でないときには，必ずしも性能が優れるわけではない点にも注意が必要である．

　また，大量データを必要とすることは，多くのコンピュータリソースを必要としているということも特徴といえ，近年の GPU コンピューティングの発展による並列計算の性能向上は，その一端を支えている．

3) **ブラックボックスモデル**　モデルの内部では特徴を抽出する一方で，その内部構造を直接理解するのは難しいことが多く，ブラックボックスモデルといわれることもあり，その限界もモデルリスクとして認識しておくことが必要である．例えば，モデルにこれまで学習をさせたことがない新たなデータをあてはめたときにそれをうまく認識できるかなどは課題となる．特に銀行などのリスク管理業務ではモデルガバナンスなども注目されており，利用にはこうした限界認識が必要でもある．

c. 金融市場への応用

金融分野における応用先としては，金融市場の予測，与信審査業務やマーケティングが挙げられる．

金融市場の予測としては，大量の時系列データを用いた株価や金利予測が例として挙げられ，トレーディング戦略への応用や，リスク管理への応用が考えられる．また，中央銀行などの声明文を用いたテキストマイニングにおいて，ディープニューラルネットワークを活用する例も見られる．特に，時系列データの分析や音声認識の分野で用いられるものとして，再帰型ニューラルネットワークという一部特徴的な構造設定をしたモデリングがある．

銀行の保有する顧客情報データを活用するものが，与信審査業務やマーケティングへの応用である．顧客情報データの活用は，銀行以外の業態でも同様のことが

行える．顧客情報データは大規模にわたり，特に銀行では，顧客や企業のデフォルトの判別などに用いられる．その他，住宅ローンの期限前返済の予測などにも応用ができる．これにより証券化商品のプライシングにも活用が可能である．マーケティング分野のモデリングは，もともとデフォルト予測の分野とも親和性があり，同種の手法が用いられることも多く，同様にディープニューラルネットワークの活用が可能である．

その他，AML と呼ばれる金融犯罪の検出に活用する事例もある．いずれも大量データの分析が必要なことが見てとれ，データの蓄積やモデルを構築するためのハードウェアコストなどのハードルがあることに注意が必要である．

1.3.3 API

API (Application Programming Interface) とは，プログラミングの際に使用できる命令や規約，関数などの集合のことを指し，プログラムがその機能をほかのプログラムから利用できるように公開するインターフェース (接続の仕様) のことである．API は自社のサービスと，第三者のサービスを連携させ，シームレスで提供できる技術であり，これにより銀行などの自社システムの拡張性が変容し，顧客や異業種を巻き込む新しいエコシステムが生まれる可能性がある．もともとは企業内部でのシステムの連携に使われていた技術であるが，インターネットの普及で HTTP を利用してネットワーク越しに処理を実行して結果を受け取る仕組みの Web API が台頭している．特にこの API を外部や第三者に向けて公開したものをオープン API と呼ぶ．オープン API は，外部企業との安全なデータ連携を可能とする技術であり，オープン・イノベーションを実現していくためのキーテクノロジーの 1 つである．Google Trends はある単語が Google でどれだけ検索されているかをグラフで見ることができるツールであるが，図 1.18 のように FinTech のキーワードである API，Blockchain，Bitcoin を比較すると API が最も検索回数が多く，着実に増加していることがわかる．

一般にプログラムを書く場合，サブルーチンを作成してプログラム内のほかの場所からそれを呼び出しているが，Web API はこれと同様に，ネットワーク越しにほかのコンピュータ上にあるサブルーチンを実行して，その結果を受け取るものである．

表 1.19 のように Google や Yahoo! などが公開する検索 API は，検索キーワー

1.3 FinTech テクノロジー　　　　　　　　　　　　　　　39

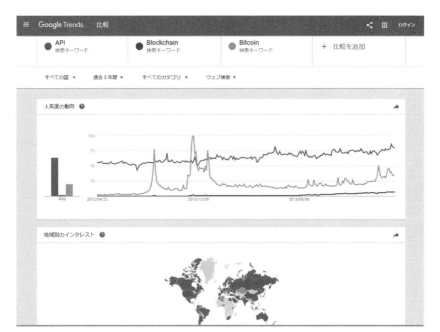

1.18 Google Trends で Blockchain，Bitcoin と比べると，API の検索回数が最も多く，かつ着実に増加していることがわかる

ブランド名	API の名称	用途
Google	Web API	Google の検索機能やキャッシュを利用する
	Maps API	Google Maps の情報を利用できる．特定の場所を示したり，吹き出しに情報を表示させる
	Calendar Data API	Google Calendar のデータを自由に加工する
YouTube	YouTube API	YouTube にアップされている動画データやサムネイル情報の取得，検索に使える
Yahoo!	検索 API	ウェブ，画像，動画などの各種検索にも対応
	Maps API	Yahoo! Maps の情報を利用できる．特定の場所を示したり，吹き出しに情報を表示させる
	オークション API	Yahoo! オークションのカテゴリ情報，商品リスト，出品リスト，検索，商品詳細などのデータを使える

1.19 API サービス例

ドを送ることで，検索結果を受け取ることができる．Amazon は商品情報を検索したり，ショッピングカートを利用できる仕組みを公開している．それにより，

これらの API を自分のプログラムから呼び出し，受け取ったデータを利用することができる．Yahoo! では「Yahoo! デベロッパーネットワーク」というページに利用できるサービスが発表されている．これら Yahoo! の API を利用したコンテスト「Yahoo! JAPAN WEB API コンテスト」が賞金付きで開催されている．Twitter や Facebook もオープン API によって第三者アプリと連携し，Facebook の多様な参加者ニーズを満たすエコシステムを形成している．欧州の銀行においても API を公開し，ハッカソンなどで預金口座保有顧客の利便性を高めるアプリ開発を活発化している．

　Web API には，SOAP や REST など，さまざまな規格がある．データ通信形式は，主に XML と JSON となる．JSON は構造化されている形式であるが，記述量が少ないので，データ通信形式としては非常に扱いやすい．また可読性も高いので結果を確認しやすい．

　Web API では，PHP や Perl といったプログラムが，ウェブサーバーに対して「このデータがほしい」と，Web API を使った検索結果をリクエストする．この「データ」とは，例えば Yahoo! の検索結果や Google Map のデータであったり，郵便番号と対応する住所であったりする．

　リクエストを受け取ったウェブサーバーは指定された Web API を使ってデータを検索したり，計算したり，加工したりして，外部のクライアント側にデータを返す．データを返す際は，クライアントにとって加工がしやすい「XML 形式」が多い．それによりクライアントが受け取ったデータをプログラムが解釈し，ウェブブラウザで表示したり，CSV 形式に変更することができる．

　Web API の利用には，登録されたアプリケーションに対しアプリケーション ID を発行する．アプリケーション ID は，アプリケーションを特定する文字列で，各リクエスト送信時に必要となる．また API にアクセスするための URL を「エンドポイント」と呼ぶ．例えば Yahoo! の震災関連情報の中の写真保存プロジェクト地点検索 API は「東日本大震災 写真保存プロジェクト」に投稿されたデータに関して，緯度経度を指定して周辺の投稿地点を取得する API であるが，http://shinsai.yahooapis.jp/v1/Archive/localSearch というリクエスト URL となる (2017 年 4 月現在)．

　Web API は，HTTP でのデータのやりとりさえ可能ならアクセスができ，クエリパラメータを使うことで，リソースから条件の絞り込みが行える．具体的に

Yahoo! が掲載しているリクエストのサンプル例 (仙台駅を中心とした地図の左下,右上の緯度経度内の投稿地点を投稿数が多い順に 100 件取得するサンプル) は以下のようなクエリ URL である.

http://shinsai.yahooapis.jp/v1/Archive/
localSearch?appid=＜あなたのアプリケーション ID ＞
&ld_lat=38.25018439007196&ld_lon=140.84046600661136
&ru_lat=38.27060496923552&ru_lon=140.92286346754886
&sort=-result&results=100

オープン API は,誰もが利用できるため,負荷を掛けすぎないようにリクエスト数を制限 (「RateLimit」) するのが一般的である.前述の Yahoo! のケースも,24 時間中 1 アプリケーション ID につき 5,000 件がリクエストの上限である.

報道によれば 2015 年 11 月 5 日,RESTful API のインターフェースを記述するための標準フォーマットを推進する団体「Open API Initiative」が,The Linux Foundation の協力のもとで Microsoft, Google, IBM, Intuit, PayPal, 3Scale, Apigee, Capital One, Restlet, SmartBear らによって結成された.Open API Initiative が API の記述のために採用するのは,オープンソースで開発されてきた API フレームワークの「Swagger 2.0」である.Swagger はすでに Amazon などの API ツールで採用されていて,JSON 形式で API を記述するフォーマットを備え,また記述するためのツールなども提供できる.

日本においても 2016 年 12 月 27 日,金融審議会 金融制度ワーキング・グループ (以下,WG) において「オープン・イノベーションに向けた制度整備について」というテーマで話し合われ,各金融機関において API の導入,特にオープン API が重要である,とされた.

同時にまた,アカウントアグリゲーションなどのサービスを提供する多くの電子決済等代行業者が,顧客から預かったパスワードなどを使い,契約締結などの明確な法的関係を構築することなく,銀行システムにアクセスする「スクレイピング」が問題視されている.

また,金融審議会 決済 WG の報告をふまえ,2016 年 10 月,全国銀行協会において,金融機関や FinTech 企業などが参加する「オープン API のあり方に関する検討会」が立ち上げられ,関係者間において,セキュリティ原則や標準仕様などについての検討が進められてきた.

政府の対応も早く，2017年3月3日に金融庁は上記の金融制度WGの議論をもとに，①電子決済等代行業者の登録制を導入，②利用者情報の安全管理，利用者への損害賠償の分担などの利用者保護と③金融機関におけるオープンAPI導入にかかわる方針，基準の策定・公表，努力義務を盛り込んだ「銀行法等の一部を改正する法律」を国会に提出し，5月26日参議院本会議で可決，成立した．2018年春ごろの施行となる見込みであるが，これらにより日本でも銀行APIとつながることでセキュリティ面からも安心な，ユーザビリティの高いPFM (Personal Financial Management) サービスを提供することが可能になる．

英国政府は①オープンデータ活用，②データ活用による競争促進，などを政策テーマとしてIT，ベンチャー，金融業界，消費者とOBWG (Open Banking Working Group) を2015年9月に立ち上げ，オープン型銀行APIのフレームワークづくりを開始している．テーマはオープンAPIと個人情報以外の銀行の保有するデータに関する公開化としている．わかりやすくいえば，銀行が保有しているヒストリカルデータをオープンAPIによりシェアし，活用することができれば，人々はもっと簡単に自分に合った住宅ローンを借りることができるだろうし，銀行側も新しい商品にフィットした顧客を容易に見つけることができるなど，人々の銀行体験をより向上させることが狙いである．2016年，OBWGはThe Open Banking Standardへの提言を発表した．

そこには以下のようなベネフィットなどが提案されている．

1) **open license** (オープンライセンス)　銀行が保有する商品，サービス，オペレーションに関するデータのオーナーはデータを公開するしないにかかわらず銀行であることに変わりがなく，OBWGはそこにopen licenseという概念を導入しようとしている．使用の都度，著作権者の同意がいるとされるcopyrightに変わって，情報の表示さえすれば自由な拡販ができるCreative Commons CC-BY licenseである．

2) 会計システムへの自動取引入力　クラウドベースの勘定記帳を使っているスモールビジネスが銀行のオープンAPIを使うことで，銀行取引を手入力しなくてもよくなる．

3) 不正防止　英国全体で年間800億円にものぼるとされる口座の不正利用を第三者の監視サービスを導入することで，銀行の管理より迅速に発見し，連絡を受けることができる．不正監視業者は統合された口座情報から顧客の

1.3 FinTech テクノロジー 43

取引パターンを把握できるようになるので，1口座をバラバラに見ている銀行より，検知能力が高いとされる．

The Open Banking Standard に基づいて The Open Banking Framework は 2017 年第 1 四半期までに個人取引データ公開が ReadOnly API ではじまり，2019 年第 1 四半期までに The Open Banking Standard で提言されたフルスコープが実現されるという 4 フェーズの段階をふんだ目標となっている．本件はもともと

▶用語についての補足

スクレイピング (scraping)　　ウェブページの HTML データを解析し，データの抽出や加工を施しながら，必要なデータを収集する方法である．アカウントアグリゲーションなどのサービスは「スクリーンスクレイピング」を用いて，利用者に代わって当該サイトに仮想ブラウザを用いてログインする．

RESTful (REpresentational State Transfer)　　REST の原則に則って構築されたウェブシステムのアプリケーションのこと．REST とは，2000 年に R. Fielding 氏が提唱した，分散システムにおいて複数のソフトウェアを連携させるのに適した設計原則の集合．また，狭義には，それをウェブに適用したソフトウェアの設計様式のこと．一般には後者の意味で用いられることがほとんどである．パラメータを指定して特定の URL に HTTP でアクセスすると，XML で記述されたメッセージが送られてくるようなシステムおよび呼び出しインターフェース (「RESTful API」と呼ばれる) のことを指す．システムの状態やセッションに依存せず，同じ URL やパラメータの組合せからは常に同じ結果が返されることが期待される．

〔参考〕http://e-words.jp/w/REST.html

OAuth2.0　　認可情報 (アクセストークン．API 呼び出し時に照合される) を安全に受け渡す仕組みを定義している．サービス提供者はアクセストークンをサービス利用者に開示することなく受け取り，API を利用して目的のデータを取得することが可能．

OpenID Connect　　サービス提供者が API を呼び出す際に個人を特定する必要がある場合に利用する．Financial API Working Group が発足し，標準化を進めている．

EU が域内で立法化を進めるにあたり英国の銀行にも顧客データなどの開放を求めていたもので，EU 離脱の事態にこの流れが変容するのか否かが注目点であろう．

〔参考〕Introducing the Open Banking Standard [15]，The Open Banking Standard [16]

これまで API といえば，ウェブサービスの情報を取得・編集するということが主流であったが，近時は IoT の普及に伴い，温度，湿度，重力，人・モノの動きなど，現実世界の情報を取得する API も出てきている．

Python を使って Web API からデータを取得する一例を挙げる．利用するのは下記の国土交通省の不動産取引価格情報取得 API である (2017 年 4 月現在)．

http://www.land.mlit.go.jp/webland/api.html

パラメータの組合せは下の例のように 2 種類あり四半期ごとの取引データが入手できる．

1)「取引時期 from」&「取引時期 to」&「都道府県コード」

   http://www.land.mlit.go.jp/webland/api/TradeListSearch?from=20151&to=20152&area=13

   平成 27 年第 1 四半期～平成 27 年第 2 四半期の，東京都の不動産取引価格情報を取得する．

2)「取引時期 from」&「取引時期 to」&「市区町村コード」

   http://www.land.mlit.go.jp/webland/api/TradeListSearch?from=20151&to=20152&city=13102

   平成 27 年第 1 四半期～平成 27 年第 2 四半期の，東京都中央区の不動産取引価格情報を取得する．

出力は JSON 形式で，出力項目も表 1.20 の通り豊富である．

サンプルとして，山梨県と鹿児島県の 2016 年第 1–2 四半期の取引データを DataFrame に格納する Python のコードを掲載する．

ソースコード **1.3** Python3.5 国土交通省の API を利用し不動産取引価格情報を取得する実装例

```
1  import requests
2  import json
3  import pandas as pd
4
5  # the start of the search period
6  Beg = "20161"
```

```
 7   # the end of the search period
 8   End = "20162"
 9   # IDs of target prefectures
10   cities = ["19", "46"]
11   # API format
12   api = "http://www.land.mlit.go.jp/webland/api/TradeListSearch?
         from={beg}&to={end}&area={city}"
13   # get the data by city
14   for name in cities:
15       # get API URL
16       url = api.format(beg=Beg, end=End, city=name)
17       # send the request for API to get the result
18       r = requests.get(url)
19       # decode Json format
20       resp = json.loads(r.text)
21
22
23       result = pd.DataFrame(resp["data"],columns=["Type", "
             Municipality", "TradePrice", "PricePerUnit"])
24
25       print(result)
```

Type	取引の種類	Type	取引の種類
Region	地区	Frontage	間口
MunicipalityCode	市区町村コード	TotalFloorArea	延床面積 (m^2)
Prefecture	都道府県名	BuildingYear	建築年
Municipality	市区町村名	Structure	建物の構造
DistrictName	地区名	Use	建物の用途
NearestStation	最寄駅：名称	Purpose	今後の利用目的
TimeToNearestStation	最寄駅：距離 (分)	Direction	前面道路：方位
TradePrice	取引価格 (総額)	Classification	前面道路：種類
PricePerUnit	坪単価	Breadth	前面道路：幅員 (m)
FloorPlan	間取り	CityPlanning	都市計画
Area	面積 (m^2)	CoverageRatio	建ぺい率 (%)
UnitPrice	取引価格 (m^2 単価)	FloorAreaRatio	容積率 (%)
LandShape	土地の形状	Period	取引時点

1.20 出力項目

1.3.4 自然言語処理・音声認識

a. 自然言語処理

インターネット上のつぶやき，要人の発言，ニュースなどで人間が日常的に使っ

ている言葉を"自然言語"というが，これらをコンピュータで解析する作業が「自然言語処理」である．単語や文節などの文字列情報から出現頻度，同時出現確率，相関，クロス集計，出現傾向，時系列性などを分析し有用な情報を見つけるための技術で，その目的をテキストマイニングということも多い．

　自然言語処理のプロセスはまず形態素解析 (morphological analysis) からはじまる．形態素解析とは文章を単語で区切り，品詞を判別することである．解析作業は品詞辞書や文法辞書を内包している専用の解析ツールを使う．広く使われているツールに日本で開発されたオープンソースの MeCab などがある．Python にも MeCab と同様の機能をもつ Janome というライブラリがあり，手軽に形態素解析ができる．

　ソースコード 1.4，ならびに図 1.21 に示すのは，Python2.7 (Windows 環境) を使い Janome で黒田日銀総裁の会見記録の一部を形態素解析したものである．品詞から名詞を抽出し，その使用回数の多い順に 10 個並べる，というプログラムである．本例は簡単なものであるが，形態素解析を発展させビッグデータを使い，特定の単語やその使用頻度と株価や為替の市場データとの関係性から相場予測モデルをつくることができたり，社員やトレーダーの不正を E メールなどのテキストメッセージなどから察知するなどのさまざまな応用ができることになる．

ソースコード **1.4**　Python2.7 Janome を使った形態素解析

```
1   # -*- coding: utf-8 -*-
2
3   from janome.tokenizer import Tokenizer
4
5   t = Tokenizer()
6   tokens = t.tokenize(u'''私からは，日本銀行の「量的・質的金融緩和」は
7   所期の効果を発揮しており，日本経済は 2\% の「物価安定の目標」
8   の実現に向けた道筋を順調に辿っていることを説明しました．
9   そのうえで，消費者物価指数（除く生鮮食品）の前年比は，
10  プラスに転じたとはいえ，直近では，まだ +0．8\% であり，
11  日本銀行としては，「物価安定の目標」の実現を目指し，
12  これを安定的に持続するために必要な時点まで，「量的・質的
13  金融緩和」を継続する方針であることを説明しました．''')
14
15  for token in tokens:
16      print token
17
18  word_dic = {}
```

1.3 FinTech テクノロジー   47

```
19
20  for token in tokens:
21      # 品詞を格納
22      partOfSpeech = token.part_of_speech.split(',')[0]
23
24      if partOfSpeech == u'名詞':
25          word = token.surface
26      if not word in word_dic:
27          word_dic[word] = 0
28      word_dic[word] += 1
29
30  keys = sorted(word_dic.items(), key = lambda x:x[1], reverse=
        True)
31  for word, cnt in keys[:10]:
32      print u'{0}({1})'.format(word, cnt)
```

また単語のベクトル化によってこれまで難しかった単語同士の類似性や，単語
間での加減算が可能となり，自然言語処理の精度が飛躍的に向上している．この
技法は米国 Google 社の T. Mikolov らが開発した Word2Vec または Gensim と
いうライブラリを使用する．例えば「王様」−「男」＋「女」＝「女王」のような計
算 ("王様" から "男" の要素を引き，"女" の要素を足すと "女王" になる) がで
きる．ベクトル化とは単語の意味を構成する要素を配列としてもたせることであ
り，その中にある「男」の要素を「女」に入れ替えた新しいベクトルに最も近似

▶ テキストマイニング環境構築例 (Mac 版)
テキストデータを形態素解析し，数値データへ変換するための環境構築手順．Mac
環境で homebrew，Python 3.x が入っている前提．
   1) brew で MeCab と IPA 辞書をインストール
         $ brew install mecab
         $ brew install mecab-ipadic
   2) pip で Python3 用の MeCab パッケージをインストール
         $ pip install mecab-python3
   3) pip で Word2Vec または Gensim をインストール
         $ pip install word2vec
      または
         $ pip install gensim

1. FinTech 企業とそのビジネス

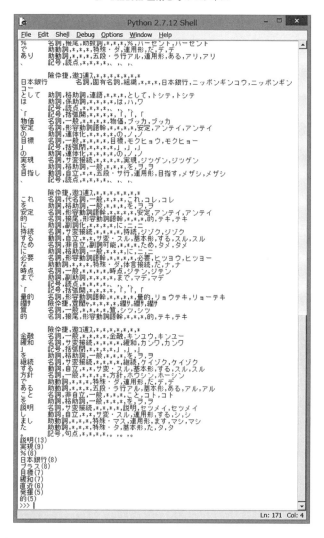

1.21 Janome を使った形態素解析結果

する「女王」に変換しているのである.

2014 年 4 月 22 日付「はてなニュース」に Word2Vec に関するわかりやすい記事が掲載されている.詳細は記事 [17] をご覧いただければと思うが,公開状態のはてなブログのデータ 10 GB 分から MeCab と Word2Vec を使用し,似ている単

1.3 FinTech テクノロジー 49

語を抽出している. [たこ焼き, お好み焼き], [ニューヨーク, ロンドン], [ルパン三世, 名探偵コナン] などの類似性は容易に予想できるが, [怒られそうなことを敢えて言う, 何の報告だかわかりませんが]*5) というあたりまでも文脈をとらえていると思わざるをえない. さらに前述のような B − A + C について, 日本 − 東京 + ロンドン = イギリス, AKB − 東京 + 大阪 = NMB, Suica − 関東 + 関西 = ICOCA などの演算ができている.

b. 音声認識

音声認識は機械学習の分野では先行し実用化が進んでいる. IBM Watson Development Cloud の Watson API, Google Cloud Speech API, 東芝の RECAIUS Developers などメジャーな IT 企業が API を提供している. Google Cloud Speech API はすでに 80 を超える言語に対応している. 例えばスマホで使える「OK, Google!」は音声を文字情報に変換し, 検索エンジンを起動するアプリであるが, 実用上ほぼ問題ないレベルまで音声が認識されていることがわかる. 留守電をテキスト変換し, アプリやメールから確認できるサービスもはじまっている. また Amazon は音声認識人工知能スピーカー Echo (愛称は "Alexa") で IoT 市場を席捲している.

日本の金融界でも日本のメガ 3 グループ (MUFG, 三井住友 FG, みずほ FG) は傘下の銀行のコールセンターなどで IBM のコグニティブテクノロジーである Watson を導入している.

音声認識技術の応用による実務レベルでの生産性向上や合理化の有効性は予想しやすく, 比較的導入が早く進んでいる. 例えば下記のようなアイデアはほぼ実用化されているところであろう.

- 顧客の問合せの音声を解読し必要なマニュアルなどの文書を検索
- 音声による取引入力
- テレビ放送やラジオ放送における音声のテキストメッセージ化や, 外国語翻訳
- 電話での会話記録, 口述筆記や会議の議事録のリアルタイム自動作成
- トレーディングルームの不正防止のための電話録音のテキストマイニング

今後の高齢化社会の深化などを考えると, 鉄道の切符の自動券売機や銀行, 消費者金融などの ATM では操作に不慣れな高齢者などに対話型の音声サポートが

---

*5) "はてなハイク" というコーナーのタイトルである.

ますます必要になってくると思われる．それに対しリアルな電話オペレーターを配備することは企業側にとってもコストや人材の確保の面で容易ではないだろうから音声認識ロボットで代替することが期待される．音声でのガイダンスであれば視覚の不自由な人にも優しい FinTech 社会をつくることにもつながるだろう．

　音声認識は音声のテキスト化にとどまらず音声マイニングへ応用され発展している．集会などの会場でさまざまなつぶやきを拾い，オーディエンスの反応を講演者がリアルタイムで確認しながら講演を進めていくことができたり，相場を扱う市場部署は市場イベントが発生したときなどのディーリングルームのトレーダーの会話などを解析し，自社のリスクポジションが不利な状況にあるのか否か，相場の乱高下で損しているのか，儲かっているのかもリアルタイムで把握できるようになるだろう．

　音声認識フリーソフトウェア Julius (ジュリアス) は名古屋工業大学の李氏，京都大学の河原氏らが開発している汎用性が高く比較的手軽に大語彙連続音声認識ができるオープンソフトウェアであり，会話ロボット，家電操作，次世代カーナビなどの用途に使われている．わかりやすくいえば Julius はディクテーション (口述筆記) 用のフリーソフトウェアである．音響モデルや言語モデルの仕様に標準的なフォーマットを採用しているのでカスタマイズが容易で汎用性が高い．

　図 1.22 は Julius の処理フローの概念図となる．Julius は信号処理部を含み，以降の認識処理全体は 2 パス構成となっていて，2 段階に分けて認識処理を行う．まず，第 1 パスで入力全体に対して粗い認識処理を行い，有力候補をある程度絞り込む．第 2 パスで詳細な認識処理を行うのであるが，その際に第 1 パスの結果を参照し探索を行い，必要な部分に精度を上げた計算を再度行って，最終的な最尤解を求めている．第 1 パスの特徴抽出部・認識処理部は，ファイル入力の場合は 1 入力ごとに各部が順番に実行されるが，マイク入力などでリアルタイム認識を行う場合，各部が並行処理される．第 2 パスでは，第 1 パスの結果である「単語トレリス」と呼ばれる仮説集合を参照しながら，入力全体に対して再認識を行い結果を確定する．信号処理部で可能な処理は直流成分除去と雑音の影響の除去に有効なスペクトルサブトラクションである．また Julius では，入力音声ストリームから音声が発話された区間を検出する音声区間検出 (Voice Activity Detection, VAD) の機構をもっている．

　音響モデルは入力された音声波形から特徴抽出を行い，特徴量ベクトルの時系

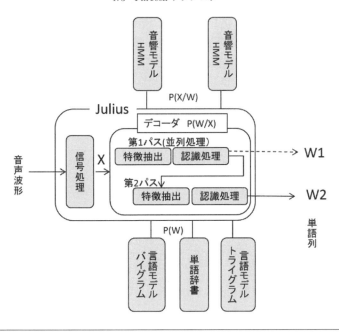

1.22 Julius の処理フロー

列 X が抽出される．X を単語列 W に認識するところは，ベイズの法則により (1.1) 式のように表現できる．

$$P(W|X) = \frac{P(X|W)P(W)}{P(X)} \tag{1.1}$$

単語列 W が出現する確率 $P(W)$ は音声とは関係のない言語的な確からしさだけを表現している．Julius では日本語で使用される単語の統計量や，パターンに基づいて生起確率を推定している．$P(X|W)$ は単語列 W から音声パターン X が出現する確率であり，音響モデルによるマッチング評価が行われる．パターンの分布を推定したモデルとして主に隠れマルコフモデルが使われている．このモデルの単位としては音素 (ローマ字 1 文字相当) を用いることが多いが，音素表記 (もしくはかな表記) と単語の対応づけは単語辞書を利用する．単語列 $W = (w_1, w_2, ..., w_k)$ は音素列 $(m_1, m_2, ..., m_l)$ に展開され，$P(X|W)$ が以下のように計算できる．

$$P(X|W) = \prod P(X|m_i)$$

$P(X|m_i)$ は前述の通り，音素単位の隠れマルコフモデルを入力音声を構成する

パーツ X とマッチングさせることにより計算する.

それに基づき与えられた言語モデルにより最も出現確率が高い単語列 $\hat{W}$ を算出する.

$$\hat{W} = \arg\max_W P(W|X) = \arg\max_W P(X|W)P(W) \tag{1.2}$$

詳細は Julius Book のウェブサイト [18],「Julius を用いた音声認識インターフェースの作成」[19] などを参照願いたい.

[Julius ディクテーション実行キット]

日本語のディクテーション (自動口述筆記) に必要な最小限のモデル (不特定話者音響モデル + 汎用言語モデル) および Julius の実行バイナリが含まれているので, これだけで Julius を動かすことができる. Windows/Linux/MacOSX で動作可能である. 最新バージョン Julius-4.4.2 の対応 OS は 64 bit のみ (32 bit OS はこのバージョンからサポート外), プロセスサイズは 700 MB 程度となっている.

入手方法は以下の 2 通り (2017 年 4 月現在).

- GitHub から入手

  最新の修正を含むキットの最新版は GitHub で公開されている.

  Julius Japanese Dictation-kit (https://github.com/julius-speech/dictation-kit)

- ZIP 形式で入手

  以下から直接 ZIP 形式でダウンロードもできる.

  ディクテーションキット version 4.4 (https://osdn.net/projects/julius/releases/66544)

例えば Windows 環境では, ダウンロードした ZIP ファイルを適当なディレクトリで展開 (Julius ではインストールと同義) してから, コマンドプロンプト画面で展開したディレクトリ上で `run-win-dnn.bat` あるいは `run-win-gmm.bat` を実行し, 起動する. GMM-HMM 音響モデルは HTK による話者適応情報を埋め込んだ標準的なトライフォン, DNN-HMM 音響モデルは NumPy ベースの計算モジュールである. 〈〈〈 please speak 〉〉〉 が現れたら, マイクに向かって話しかけると認識結果を返す.

図 1.23 はコマンドプロンプト上で実際に使用しているところの画像である. 前述の Janome を使った形態素解析で使用した黒田日銀総裁の会見記録の最初の 1

1.3 FinTech テクノロジー　　　　　　　　　　　　　　　53

```
コマンド プロンプト - run-win-dnn.bat                    −  □  ×

<<< please speak >>>Warning: strip: sample 35-53 has zero value, stripped
Warning: strip: sample 227-247 has zero value, stripped
Warning: strip: sample 16-32 has zero value, stripped
Warning: strip: sample 37-52 has zero value, stripped
Warning: strip: sample 84-99 has zero value, stripped
Warning: strip: sample 450-467 has zero value, stripped
Warning: strip: sample 201-222 has zero value, stripped
pass1_best: わたし から 、
sentence1: わたし から は 。
pass1_best: にほん 銀行 の 、
WARNING: 00 _default: hypothesis stack exhausted, terminate search now
sentence1: 日本 銀行 の 。
pass1_best: 量的 質的 金 間 の は 、
WARNING: 00 _default: hypothesis stack exhausted, terminate search now
sentence1: 量的 質的 金融 緩和 。
pass1_best: 初期 の 効果 を 発揮 して おり 、
sentence1: 初期 の 効果 を 発揮 して おり 。
pass1_best: にほん 経済 は 、 二 ％ の 、
WARNING: 00 _default: hypothesis stack exhausted, terminate search now
sentence1: 日本 経済 は 、 二 ％ の 。
pass1_best: 安定 の 目標 の 実現 に 向け た 。
sentence1: うっ か 安定 の 目標 の 実現 に 向け た 。
pass1_best: 道筋 を 順調 に かぶっ て いる こと 説明
pass1_best: 道筋 を 順調 に かぶっ て いる こと 説明 しました 。
sentence1: 道筋 を 順調 に かぶっ て いる こと を 説明 しました 。
pass1_best: わたし から は 、
WARNING: 00 _default: hypothesis stack exhausted, terminate search now
sentence1: わたし から は 。
pass1_best: にほん 銀行 の
WARNING: 00 _default: hypothesis stack exhausted, terminate search now
sentence1: 日本 銀行 の 。
pass1_best: 量的 質的 緩和 は 、
sentence1: 量的 質的 緩和 は 。
pass1_best: 初期 の 効果 を 発揮 して おり 、
sentence1: 初期 の 効果 を 発揮 して おり 。
pass1_best: にほん 経済 は
WARNING: 00 _default: hypothesis stack exhausted, terminate search now
sentence1: 日本 経済 は 。
pass1_best: 二 ％ の
sentence1: 二 ％ の 。
pass1_best: 一 貫 性 の 目標 の 実現 に 向け た 。
WARNING: 00 _default: hypothesis stack exhausted, terminate search now
sentence1: 物価 安定 の 目標 の 実現 に 向け た 。
pass1_best: 道筋 を 、 順調 に かぶっ て いる こと を
pass1_best: 道筋 を 、 順調 に かぶっ て いる こと を 説明 しました 。
sentence1: 道筋 を 、 順調 に 、 たどっ て いる こと を 、 説明 しました 。
pass1_best: 、 <input rejected by short input>
pass1_best: <input rejected by short input>
pass1_best: 、 <input rejected by short input>
<<< please speak >>>
```

1.23 コマンドプロンプトでの Julius の使用例

文を筆者がパソコンの内蔵マイクに向かって朗読したものである (もちろん Julius
は録音した音声も解析可能であるが，実際にやってみると万能というわけにはい
かず，条件的に 16 bit モノラル (1 チャネル)，音響モデルが求めるサンプリング

レート (ex. 16 kHz) を満たすことが必要となるようだ). Julius はいったんほぼリアルタイムで処理をし暫定的な結果を出すが, 次に候補を再評価し, 最終的な認識結果を確定するというプロセスを繰り返していることがわかる. Julius の複数パス探索アルゴリズムは最初のパスで単語バイグラムモデルを用いてラフな照合を行い, 次に単語トライグラムモデルを適用して最終的な認識結果を求めていく. 単語バイグラム, トライグラムモデルは Shannon により考案された n-gram モデルの 2 文字モデルと 3 文字モデルのことを意味している. n-gram モデルとは簡単にいえば, 「ある文字列中に n 個の文字列, または単語の組合せがどの程度出現するか」を解析するモデルで, 前後の文字列の依存関係をもとに推定をしている. 音響モデルに関しても最初のパスではトライフォンを厳密に適用せず, 候補を絞った次のパスで正確な尤度を計算する.

1.3.5 モバイル通信サービス

世界を見回してみれば, 開発途上の多くの地域でインターネット環境は整備されておらず, あったとしても料金が高く普及していない. また難民や遊牧民など, そもそも定住していない人々, 出稼ぎ中の人, 貧困層の人も多い. そういった人たちは銀行に口座もなく, 金融サービスも利用していない. そういう状況下では, 電波による広範囲な領域 (基地局から半径数百メートルから数キロメートル) をカバーできる通信技術をベースにした携帯電話が普及している.

そもそも携帯電話は音声通話用の電波つまり電磁波を使っており, 免許制で国から周波数帯が割り当てられている. 携帯キャリアと呼ばれる NTT ドコモ, KDDI, ソフトバンクなどの会社は 3G/LTE 用の基地局を設置して通信サービスを供給している. 参考までに, Wi-Fi は無線 LAN 回線の規格で, 高速ではあるが, 電波の届く範囲は半径数メートルから数十メートルと狭い. WiMAX などのモバイルルーターは 3G/LTE などの基地局から電波を受け取り, 通信エリア内であればどこでも Wi-Fi を使えるようにしたものである.

開発途上国で普及しているのは日本のような固定契約ではなく, プリペイド式の携帯電話である. 金融サービスの恩恵を受けていない人はパソコンも使わないし, スマートフォンも高価で手が出ない. 1.1.7 項で紹介した M-Pesa のように, 携帯電話の通信を使った送金サービスなどの携帯電話アプリは, 世界的に増勢が著しい.

また先進国においても固定ブロードバンド回線や Wi-Fi などと共存しながら，3G/LTE などの携帯電話やスマートフォン (ここからはまとめてモバイルと呼ぶことにする) が音声，データ，SMS 用の移動通信手段として主要な役割を占める状況は変わっていない．

したがって FinTech にとってモバイルを経由したサービスの提供はまだ開拓の余地がある潜在的な市場である．モバイル通信サービスは FinTech のキーテクノロジーの 1 つと位置づけられる．

さて図 1.24 に示すように，電波はその周波数帯ごとの性質により，さまざまな用途がある．モバイル用電波の主要な周波数は 800, 900, 1,500, 1,700, 1,900, 2,100 MHz である．免許制で国から割り当てられているモバイル用電波は，例えば日本では，KDDI (LTE 800, 1,500, 2,100 MHz), NTT ドコモ (3G 2,100 MHz), ソフトバンク (3G 1,700, 2,100 MHz) などがあり，1.1.7 項で紹介したケニアでも同様に Safaricom を含む 3 社程度が GSM 800, 1,800 MHz, 3G 2,100 MHz でのサービスを展開している．LTE (Long Term Evolution), 3G, GSM というのは通信の規格である．

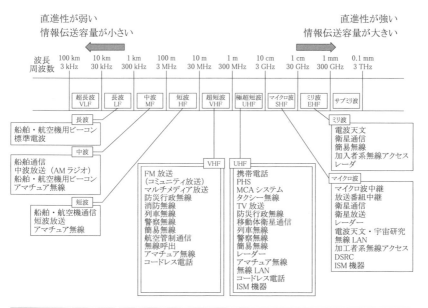

図 1.24 周波数帯ごとの主な用途と電波の特徴 [20]

中継基地の電波の届く同心円上の範囲を cell，そのネットワーク全体を cellular network と呼んだことから，英語では携帯電話は cellular phone と呼ばれる．G というのは世代 (generation) を意味する．

過去からの推移をたどっておく．

0G 肩掛け式の弁当箱やレンガのような大きさのパイロット世代

1G アナログ世代，音声通信のみ

2G (GSM) デジタル世代，160 文字以内の SMS

2.5G (GPRS) 114 kbps までの IP ベースのパケットデータ通信

3G (WCDMA) 高速デジタル世代，国際規格 UMTS 周波数でほかのネットワークと接続可能．14.4 Mbps

4G LTE 3G を上回る高速デジタル世代，115 Mbps UMTS3G がベース技術

4G 1 Gbps

5G 10 Gbps，IoT などへの利用

留意しなければならない点として，下記の Shannon の法則

$$C = W \times \log_2 \left(1 + \frac{S}{N} \right)$$

(C：通信容量 (bps)，W：帯域幅 (bandwidth)，S/N：SN 比)

により，帯域幅と SN 比から転送可能なデータ量である通信容量が導かれることが知られている．SN 比を 20 db (電力比で 100：1) とすると，通信容量 C は $W \times \log_2(1 + 100) = W \times 6.66$ となり，容量は帯域幅に比例する．帯域幅が 1 GHz であれば 6.66 Gbps となる．

1.3.6 ビットコイン

ビットコインは現在最も取引されている暗号通貨の 1 つである．ビットコインは Satoshi Nakamoto の論文 [21] がきっかけとなり，つくられたとされている．ビットコイン価格の推移は図 1.25 の通りである．2013 年に財政危機に陥ったキプロスにユーロ圏からの支援を受ける条件として預金に課税する発表があり，ユーロ圏ではじめての資本規制が実施された．そのような中，ビットコインの価格が 2013 年から上昇しはじめ，2013 年 11 月には急上昇している．その後 MTGOX の破たんなどがあり下落したが，2017 年に入り，日本で暗号通貨の法整備やビッ

1.3 FinTech テクノロジー

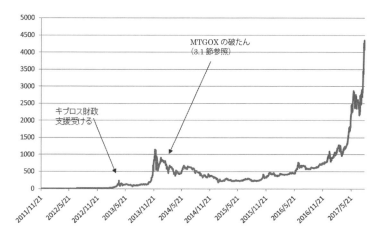

1.25 ビットコインの価格推移 (データソース：Bloomberg)

トコインの店舗での取り扱いが拡大する中，2017 年 8 月 18 日現在，年初の 5 倍以上の価格となっている．

日本の各省庁の動きの一部を取り上げると，2017 年 4 月現在，財務省ウェブサイトに掲載されている平成 29 年度税制改正要望 [22] として，「仮想通貨」[*6] に係る消費税に関する整理が金融庁から提出され，施策の必要性を「外為法上の支払手段等との比較や国際的な課税上の取扱いの状況等を踏まえ，仮想通貨に係る消費税の取扱いについて整理・明確化される必要がある」とした．消費税は 2017 年 7 月に非課税になった．一方で国税庁は，ビットコインで得た利益は所得税の対象となり，原則として雑所得に区分される，と示している．

また金融庁では改正資金決済法等の施行 [23] として，「利用者保護やマネー・ローンダリング対策の観点から仮想通貨交換サービスを行う事業者に対し，登録制の導入，利用者への適切な情報提供，利用者財産の分別管理，取引時確認の実施，の義務を課すよう整備」した．

経済産業省の「ビットコインを支える，ブロックチェーン技術」[24] では，「個人の権利の証明や住民票に使えたり，IoT や人工知能によってモノ同士の取引 (洗剤がなくなったら洗濯機が自動発注するなど) にブロックチェーン技術が活用さ

[*6] 本書では，英語表現として virtual currency ではなく crypto-currency という表現がより正確であろうという意図から，特段の理由がない限り仮想通貨という表現は使わず暗号通貨としている．

れ，潜在的な国内市場規模は約 70 兆円になると予想」されている．

経済産業省によれば「国際標準化機構 (ISO) において国際的な標準化議論の必要性が高まっている中，ブロックチェーンと電子分散台帳技術に関する国際規格を開発する専門委員会を含む，3 件の専門委員会が新規設立された．日本では一般財団法人日本情報経済社会推進協会 (JIPDEC) が国内審議団体として国際標準化活動の中核を担い，日本からの規格提案，審議文書の検討，関連団体・企業との連携などを進めていくこととしている．経済産業省は，JIPDEC と連携しながら，ブロックチェーン技術に関わる産業の発展のための支援を進めており」[25]，ブロックチェーン技術を活用したシステムの評価軸 ver1.0 を策定した [26]．

次項以降，ビットコインなどの暗号通貨を支えているブロックチェーン技術について説明する．本項までは，主に『ビットコインとブロックチェーン—暗号通貨を支える技術』[27] などを参考にまとめている．詳しい解説は各参考文献を見ていただきたい．

Coffee Break——IT 革命と FinTech
IT 革命における通信業界の変革と，FinTech における金融業界の変革は似ているという話を聞く．
黎明期のインターネット電話は，通話が途切れたり，切れてしまうという品質の悪さが目につき，普及に対して懐疑的な印象があった．しかしインターネット電話の技術が向上する中，顧客側は通話が多少途切れるというマイナス面を許容しはじめ，それよりも利便性や低コストのプラス面から，インターネット電話が固定電話に取って代わっていった．

1.3.7 ブロックチェーン技術

ブロックチェーン技術は，JBA (日本ブロックチェーン協会) によって以下のように定義されている [28]．

1.3 FinTech テクノロジー

┌─ JBA によるブロックチェーン技術の定義 ─────────

1) ビザンチン障害 [*7)] を含む不特定多数のノードを用い，時間の経過とともにその時点の合意が覆る確率が 0 へと収束するプロトコル，またはその実装をブロックチェーンと呼ぶ．

2) 電子署名とハッシュポインタを使用し改竄検出が容易なデータ構造を持ち，且つ，当該データをネットワーク上に分散する多数のノードに保持させることで，高可用性及びデータ同一性等を実現する技術を広義のブロックチェーンと呼ぶ．

└────────────────────────────────────

　ブロックチェーンは中央集権的な管理サーバーとは違う，分散型の台帳システムである．ブロックチェーンプラットフォームの分類では，ネットワーク形態としてパブリック型，コンソーシアム型，プライベート型が挙げられる (表 1.26)．

　ここからは主にパブリック型のブロックチェーンを見ていく．表 1.26 中のユースケースの通り，パブリック型は暗号通貨で利用されている．取引データの確認，保存などをネットワーク上のノード (後述の「c. P2P ネットワーク」を参照) それぞれが自律して行い，全体として同じ台帳がつくられていく．パブリック型のブロックチェーン技術の全体図を図 1.27 に示す．

ネットワーク形態	パブリック型	コンソーシアム型	プライベート型
管理主体	なし	複数組織	単一組織
参加者	自由 (不特定多数，悪意のある参加者を含む)	許可制 (参加者の身元が判明しており，信頼できる者で構成される)	
コンセンサス方式 (合意形成方式)	PoW 型	PBFT (プラクティカル・ビザンチン・フォールト・トレラント) 型	
	ファイナリティがない	ファイナリティがある	
	電力消費が多い	軽量，高速，低消費電力	
トランザクション処理時間	長い (10 分など)	短い (数秒など)	
ユースケース	暗号通貨	銀行間送金，証券取引等ビジネスネットワーク	
実装例	ビットコイン，イーサリアムなど	リップル，ハイパーレッジャーファブリックなど	

1.26 ブロックチェーンプラットフォームの分類 [26]

────────────────

*7)　分散コンピューティングにおいて，アルゴリズムを実行中に発生する故障・障害．

60   1. FinTech 企業とそのビジネス

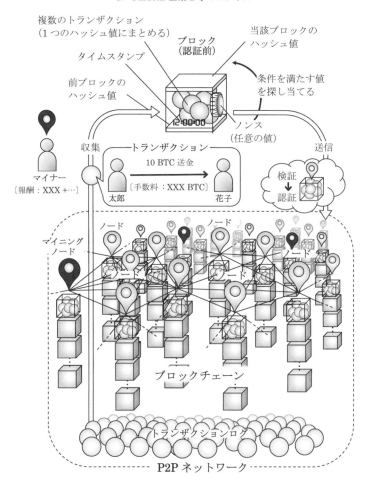

1.27 ブロックチェーンの全体イメージ図

1.28 本項と 2.3 節の対応

ブロックチェーン技術を，トランザクション，ブロックチェーン，P2P ネットワークの3パートに分け，以下ではこの3パートそれぞれについて説明する．また第2章ではブロックチェーンの土台となっている暗号技術，ハッシュ関数，PoW について説明するが，本項の内容と 2.3 節の内容との対応は図 1.28 の通りである．

a. トランザクション

例えば太郎のもっているウォレット (暗号通貨を保管するために利用する財布のようなもの．暗号通貨送金時の取引で署名を行うために必要な秘密鍵も保管されている) を使ってビットコインを花子に送りたいとする．このとき，図 1.29 に示すように太郎のウォレットからつくられたビットコインアドレスから，アウトプット (支払額) が 10 ビットコイン (BTC) というデータと，受取人花子のウォレットからつくられたビットコインアドレスにインプット (受取額) が 10 BTC という取引データが記載される．また送金者が決めた送金の手数料もデータとして記載される．これらのデータをトランザクションという．太郎の残高を確認するときは，ブロックチェーンに記録されている太郎の過去のインプットとアウトプットのすべてのデータを集計した差額が計算されて残高が示される．

送金人や受取人のアドレスは暗号化された文字列で記載されている．ビットコインの送金時には不正な第三者による改ざん，なりすましなどを防止するためのデジタル署名が行われている．デジタル署名は，第2章で説明する公開鍵暗号方式によって実現されている．

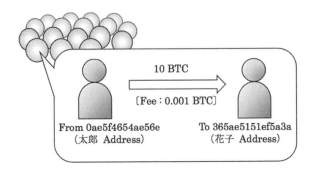

1.29 トランザクションのイメージ図

b. ブロックチェーン

ブロックチェーンは，特定の取引データの集まり (ブロック) をつなげたものである．ブロックのつながりにはルールがあり，マイナー (採掘者) によるマイニング (採掘) と呼ばれる作業を通して，ブロックチェーンは構築されていく．マイナーは1つのブロックを作り出すために，収集したトランザクションからなるハッシュ値，1つ前のブロックのハッシュ値，タイムスタンプ，ノンス (マイナーが任意に変更できる値) などをハッシュ関数 (2.3.2項を参照) に入力し，ハッシュ値を計算する．ターゲットの値 (先頭からの文字列が00…0となる) 以下のハッシュ値を見つけるために，ノンスを変えて計算を繰り返す (図1.30)．条件を満たすハッシュ値を見つけるために計算を繰り返すことが採掘のようであることから，この作業はマイニングと呼ばれている．マイナーは条件を満たすハッシュ値を見つけたら，P2Pネットワークにマイニングの結果，つまりブロックの候補を送信する．送られたブロックの候補は各ノードが確認・承認するとブロックとして認識される．

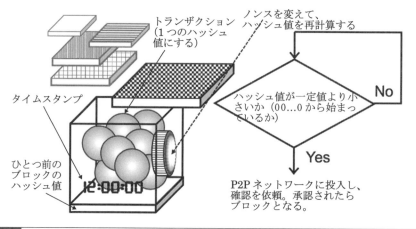

1.30 マイニングのイメージ図

ブロックチェーンは，1つ前のブロックのハッシュ値が，次のブロックのハッシュ値を算出するために利用されることでブロックにつながりをもたせている (図1.31)．データの1つでも改ざんがあると，改ざんされたデータがあるブロックとそれ以降のすべてのブロックのハッシュ値が変わってしまうため，容易にデータ

1.3 FinTech テクノロジー

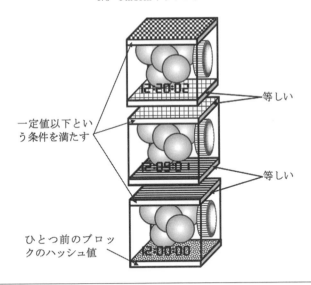

1.31 ブロックチェーンのイメージ図

を改ざんすることができない.

　同時に2つのブロック候補が承認された場合には，フォークが発生する．フォークが発生した場合には，その後により長くブロックがつながったほうが採用される．ビットコインは，マイニングに対する成功報酬としてマイナーが受け取る際に新たに発行される．2009年からはじまったマイニングの成功報酬は当初50 BTCだったが，210,000ブロックごとに半減するルールとなっており，計算すると2040年には新たなビットコインは発行されなくなることになる．また，トランザクションに含まれる手数料もマイナーの収入源となる．手数料のより高いトランザクションを取り込みマイニングが成功すれば，より高い手数料収入がもらえることになる．

　ブロックが承認されるまでにかかる時間は10分程度とされている．2,016ブロックに1回，ターゲットの値が変更される．前の2,016ブロックを発行するためにかかった時間に基づいておおよそ10分間でクリアできるようなターゲットに調整される．2017年3月時点でのブロックサイズは約1 MBとなっている．ブロックサイズを大きくするとデータの転送にかかる時間が長くなるために応答が遅くなりネットワーク遅延が起こる可能性がある．

一方で，ビットコインにおいては近年取引が活発になる中，未承認トランザクションの件数は1年前の約5倍と承認が遅くなっている (2017年4月時点)．2016年夏頃では24時間程度経てばどのトランザクションでも承認されるという状況であったが，早めに承認してもらうためには手数料を高く設定しないといけない場合があるようだ．この承認についての渋滞を解決するためにSegWitと呼ばれるソフトウェアの改善を主張する意見や，ブロックサイズの拡張を提案する意見が挙がっていた．そのような中，2017年8月1日に1つのマイニングプール (2.3.3項参照) がブロックサイズを拡張させた「ビットコインキャッシュ」を宣言，マイニングを開始し，従来1つだったビットコインが，ビットコインとビットコインキャッシュに分裂した．

また10月24日にはビットコインゴールドが誕生した．こちらはマイニングを簡単にするソフトを開発し，承認についての渋滞に対応しようとするもののようだ．

c. P2Pネットワーク

P2P (Peer to Peer) ネットワークは，ノードと呼ばれる参加者の端末同士が直

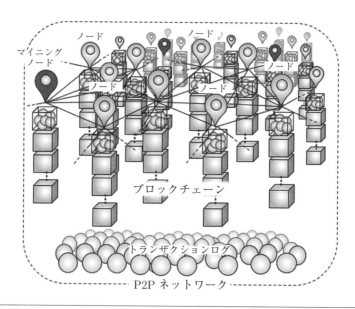

1.32 P2Pネックワーク

接データを交換するもので，中央のサーバーやサービスを必要としない．ファイル交換ソフトなどで利用されている技術である．

ブロックの候補が届けられたノードは独自に各トランザクションを検証し，有効であればこのブロックの候補を隣接しているほかのノードに伝播させる．そのノードも検証後，有効であれば隣接しているノードに伝播する，というようにトランザクションの情報が数秒で全体に広がっていく．すべてのノードがトランザクションを確認し無効なトランザクションや不正なトランザクションなどを排除するようにつくられている．この仕組みは情報理論において，ネットワーク参加者の51%が合意できていれば全体合意が可能というビザンチン将軍問題をクリアしているといわれている．

d. ブロックチェーンの課題

ここまで，パブリック型のブロックチェーンの仕組みを説明してきたが，パブリック型ブロックチェーンの課題を以下に挙げる．

- アップグレードしづらい
- 取引内容の秘密保持を確保しなくてはならない
- 取引の順序性を保証する必要がある．TSA (Time Stamping Authority) などの利用も考えられるが，高速取引は不可と思われる
- DVP (Delivery Versus Payment：資金と証券の同時受け渡し) できるのかどうか検討が必要になる (証券トークンと資金トークンをセットにするなどのアイデアもある)
- 相続の問題で，相続人が契約の確認をするのが難しい
- 秘密鍵の管理にリスクがある (パソコンのハードディスクが壊れる，秘密鍵が第三者によって盗まれる，など)
- 反社いやがらせで，ビットコインが勝手に送られてきてしまう
- ビットコインの発行量に上限がある
- インターネット経由でしか，transfer/delivery ができない
- マイニングパワーによる支配リスクがある
- 法定通貨との代替性や政府の介入リスクがある
- 相手の特定が難しく，贈与税などが徴求できない
- 鍵ペアに有効期限がある
- 暗号技術が危胎化してしまい，安全性が担保されなくなる

- 平時限りの制度である
- PoW に参加する全員分を考えると消費電力が大量になる

これらの課題をクリアするべく，パブリック型だけでなくコンソーシアム型，プライベート型を含めた実用化へのテストや検証などが進んでいる.

また次世代の技術としてブロックチェーンの代わりにグラフ理論のモデル DAG を採用した分数型台帳技術 IOTA があり，IoT での利用が期待される. また，バージョン管理が行える IPFS (Inter-Planetary File System)，ブロックチェーン間の相互運用性を実現するネットワーク Cosmos などが開発・利用されている [29].

***Coffee Break*── ICO**

ICO (Initial Coin Offering) が活発になっている. ICO ではアイデアやプロジェクトを実現するために資金調達をしたい人が，仲介業者を介さずにインターネット上で投資家からビットコインなどで投資をしてもらい，その代わりにトークンを発行する. トークンは仮想通貨交換所で換金できるが，そのプロジェクトの価値が上昇すればトークンの価値も上昇する. 利便性から急速に拡大したが，だまして調達した資金を盗む者も現れており，中国では ICO が禁止となった.

■ コラム 1 ── ReTech

近年，ロボットアドバイザーによる資産運用やスマートフォンで簡単に資産形成ができるアプリなど，金融 (financial) と情報 (technology) を組み合わせた新たなサービスが FinTech 企業によって次々と登場しているが，本コラムでは，不動産 (real estate) と情報 (technology) を組み合わせた ReTech (リテック)*8) 企業の新たなサービスを紹介する.

図 1.33 では，総務省 [30] によって作成された 2009 年までの産業別情報化進展度指数を示している. この図が示す通り，全産業の中でも不動産業界は最低位クラスに位置し，日本の不動産業界は世界的にも情報化が遅れているといわれている. 不動産業界の情報化が進まない原因はさまざまではあるが，その 1 つに情報開示の後進性があるのではないか. 例えば，米国には全米を網羅した巨大不動産情報システム (Multiple Listing System, MSL) が存在し，そのシステムは企業も個人も同様の情報を閲覧することができる. 一方で，日本で最も情報量が充実した不動産

---

*8) 不動産テックともいう.

1.3 FinTech テクノロジー　　67

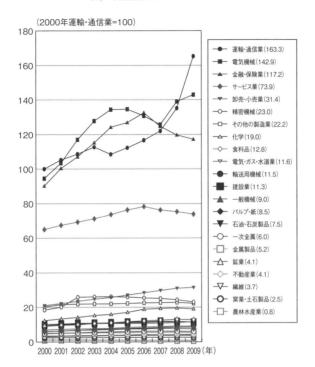

1.33 産業別情報化進展度指数 [30]

情報システムは不動産会社しか閲覧することができない．さらには，米国ではすべての不動産売買情報をシステムに登録することが義務化されている一方で，日本ではすべての情報を登録する必要はない．

しかしながら，日本の不動産業界においても J-REIT が 2001 年に上場して以来，ARES (不動産証券化協会) などによって J-REIT の情報開示が進み，情報開示の透明性が高まっている．また 2014 年 12 月に国土交通省が不動産取引価格の情報提供を目的とした API を公開したことを受け，さまざまな不動産情報が一般人にも利用可能となった．日本においても中古不動産市場の活性化に力が入れられており，今後さまざまな施策とともに，不動産業界の透明性が向上することが期待される．

ReTech 企業が不動産業界に与えるであろう影響は，不動産売買取引の効率化，不動産評価の効率化，ウェアラブル端末などを利用したスマートホームなどさまざまであるため，本コラムでは不動産売買取引の効率化を実現する ReTech 企業につ

いて少し触れる.

そもそも，不動産売買取引とは簡潔にまとめても以下の 16 ステップをふむ必要がある．①不動産の売主による不動産会社への問合せ，②不動産価格の査定，③媒介契約の締結，④物件調査，⑤図面作成，⑥広告作成，⑦営業活動，⑧見学日程調整，⑨見学立会い，⑩購入申し込み，⑪価格交渉，⑫住宅ローン斡旋，⑬火災保険，地震保険の斡旋，⑭契約書，重説 *9) 資料の作成，⑮売買契約，重説の説明，⑯決済，引渡．日本の不動産業界ではこれらのステップの多くを人力で行っているのが現状であり，ReTech 企業に期待されるポイントの 1 つがこれら 16 ステップの効率化である．

例えば，ソニー不動産が提供する不動産価格推定エンジンは，深層学習技術と不動産会社が蓄積してきたノウハウを融合させ開発した機械学習ソリューションであり，ユーザーは簡単に売買物件の適正価格を知ることができる．このサービスによって，ステップ②の行程は大幅に効率化が可能となる．そのほかにも，ネクストが提供する Room VR というアプリがある．これは，3D で作成された物件をバーチャル体験でき，プレイヤーの身長を設定することで実際の内覧に近い体感を得ることができるので，ステップ⑧やステップ⑨の行程を効率化することができる．Room VR にはそもそも内覧ができない物件も含まれる，家具の配置をシミュレーションできるなど，実際の内覧以上のバーチャル体験ができるメリットもある．

そのほかにも，C2C 不動産売買プラットフォーム，クラウドファンディングを利用した資金調達，建物管理アプリなど，不動産業界のさまざまな領域で ReTech 企業の活躍が期待されている．先にも述べた通り，不動産業界の情報化進展度数は他産業に比べ劣っているがゆえに，ReTech 企業が及ぼす影響は大きくなることが予想される．情報化によって利益を上げることができる領域はどこか，また不動産業界全体への経済効果についても，今後とも注視していく必要がある．

NTT データの経営研レポート [31] でも紹介されているが，ReTech はさまざまな経済環境要因の変化によって必然的に生まれたトレンドである．不動産業界のプレイヤーはこの波とどう向き合っていくべきであろうか．

---

*9)　重要事項説明の略．宅地建物業者が売買契約・賃貸借契約の締結に先立って，買主・借主に対して契約上の重要事項を宅地建物取引業法第 35 条に基づき説明する.

2

FinTech のコア技術

2.1　データ・アナリティクス

2.1.1　データ解析・主成分分析

　多変量，言い換えれば高次元の要素から構成されるデータを情報の損失を少なくしながら低次元データに変換するための統計手法として主成分分析 (Principal Component Analysis, PCA) がある．主成分分析を用いると，標本データの特徴を示す新たな変数から構成されるデータを作り出すことができるので，データ解析，可視化やモデリングの前処理として使われる．金融機関では金利の期間構造モデルの構築において，イールドカーブのダイナミズムを平行移動，傾き，ツイストなどに対応する主要な変数に集約し，市場データのフィッティングや予測，金利派生商品のプライシングを試みているケースなどがある．

　ここでは日本経済新聞社と日経リサーチが 2005 年から毎年行っている「銀行リテール力調査」データを取り上げる．全国 117 行に対する調査項目 (店舗環境・接遇，窓口接客スキル，窓口商品説明，電話対応，資産運用，住宅ローン，顧客満足対応・セキュリティ，ATM) の得点が標本データとなる．本調査は，製造業でいう "技術力" に相当するものを銀行では "リテール力" であると定義して銀行のリテールサービスに対する評価を試みていると解釈できるだろう．個々の銀行の評点の背後には，その銀行の顧客と接する能力，商品を企画する能力，広告宣伝する能力，システムを構築する能力，店舗やオフィスの環境づくりをする能力など，さまざまな要素が複合的に関連している．主成分分析の手法を利用し，リテール力の本質に直結した主要な変数をつくることができれば，その変数の意味するところに注目することで調査での評点を上げること，すなわち顧客満足度の

向上に有効であると思われる．またそれらはさらなる応用として銀行のリテールサービスの評価モデルや銀行の格付モデルなどの構築に際し，効率よく，説明力のある変数ともなりうるだろう．

「銀行リテール力調査」(第 12 回，2016 年) を，大項目である店頭サービス (X 軸) と商品充実度 (Y 軸) の 2 変数 (2 次元) のみからなるとすれば，主成分のイメージは図 2.1 のようになる．

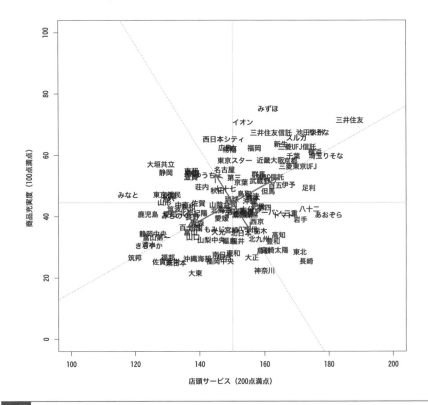

図 2.1 主成分のイメージ

2 変数いずれも高い特徴をもつ総合力の軸が第 1 主成分で，右上に伸びる矢印で示した線の方向にデータサンプルが最もばらついている．一方，第 1 主成分と直交し，どちらかの変数のみが高い方向，つまり左上に伸びる矢印で示した線が第 2 主成分となっている．第 1 主成分がどのような特徴を表しているかという解

釈であるが，"銀行力"，つまり社員のクオリティ (質) × クオンティティ (量) と
いってもよいようなものではないかと思われる．つまり前述のリテールサービス
に必要なさまざまなスキルのもととなるリテールサービスに携わる社員の能力の
高さと，そのリソースが量的にもどの程度確保されているのかという状態を示し
ている．第 1 主成分を新しい軸として眺め，その軸と垂直に交わる地点がその銀
行の相対的な"銀行力"の位置を示している．本調査で 1 位となった三井住友は
他行をかなり引き離してトップであることがわかる．上位グループでは，みずほ，
三井住友信託，京都，足利，あおぞらは同等水準であり，下位グループでは鹿児
島と東日本が同等水準に位置していることがわかる．

　では第 2 主成分は何を意味しているのか．商品充実度方向が上がれば店頭サー
ビス方向が下がるので，"インターネットチャネルの充実度＝FinTech 力"を示
しているという見方ができるかもしれない．左上にいくほど商品販売のチャネル
としてインターネットチャネルに特徴があることを意味し，右下にいくほどイン
ターネットではなく店頭でのサービスが中心になっているという解釈である．各
行のウェブサイトでサービス内容を見てみると第 2 主成分が右下にいくほどウェ
ブ上で住宅ローンや投資信託の申し込みができないなど，この解釈が裏づけられ
るように見受けられる．今後 FinTech の浸透に伴い第 2 主成分がよりピュアな
FinTech の特徴を表し，重要度を増していくのかもしれない．ただし，インター
ネットと店頭サービス両者のバランスがとれていれば中間点周辺に位置するので，
必ずしも中心から離れるほどよいというわけではない．

　主成分分析のより詳細に入る前に Bishop [32]，伊藤ほか [33] を参考に，少し
数理的な補足をしておく．前述の例で見たように主成分 Z_1 がデータの散らばり
の特徴を最もよく表現できるようにすることとは，新しい情報量を最大化するこ
とであり，分散が最大になる方向に軸を設定することと同義となる．また分散を
最大化することが，情報消失量の二乗和を最小化することにもなり，この関係は
2 変数以上の多変数においても成立する．すなわち主成分分析とは p 個の変数 x_i
$(i = 1,...,p)$ のもつ情報量を，情報の損失を最小限におさえながら x_i の一次結合
として与えられる互いに独立な q 個 $(q < p)$ の主成分 Z_j

$$Z_j = \sum_{i=1}^{p} w_{ij} x_i \qquad (j = 1, 2, ..., q)$$

を用いて表現する手法である．ここで，Z_j は第 j 主成分と呼ばれ，w_{ij} は以下に

説明する方法で求められる結合係数である.

「銀行リテール力調査」では 117 行のデータがある. これらのデータが X_n ($n = 1,...,117$) である. X_n は p (= 8) 次元の変数 (ベクトル) である. 目標は情報損失量を最小限にとどめ, この 8 次元をいかに減らせるかにある. まず, これらを 1 つの次元に集約することを考える.

問題の簡単化のために p (= 8) 次元の単位ベクトル e_1 を想定し, この単位ベクトルによってベクトル X_n が 1 次元 (スカラー) に射影されるとする. 射影されたデータの分散は, 次の $\sigma_{Z_1}^2$ となる.

$$\sigma_{Z_1}^2 = \frac{1}{N} \sum_{n=1}^{N} (e_1^{\mathrm{T}} X_n - e_1^{\mathrm{T}} \overline{X})^2 = e_1^{\mathrm{T}} S e_1 \qquad (\text{T は転置を表す})$$

$$S := \frac{1}{N} \sum_{n=1}^{N} (X_n - \overline{X})(X_n - \overline{X})^{\mathrm{T}}$$

$$\overline{X} := \frac{1}{N} \sum_{n=1}^{N} X_n$$

分散の最大化は $e_1^{\mathrm{T}} S e_1$ の最大化問題を解くことと同じである. ここで $e_1^{\mathrm{T}} e_1 = 1$ を条件としたラグランジュの未定乗数法を利用し, 次の式を最大化する e_1 を求める問題となる.

$$L = e_1^{\mathrm{T}} S e_1 - \lambda_1 (e_1^{\mathrm{T}} e_1 - 1)$$

なお, λ_1 はラグランジュ乗数である. ここで L を e_1 に関して微分し, 0 とおくと

$$\frac{\partial L}{\partial e_1} = 2 S e_1 - 2 \lambda_1 e_1 = 0$$

となるので,

$$S e_1 = \lambda_1 e_1$$

である. よって, e_1 は S に関する固有ベクトルであることがわかる. そして両辺の左から e_1^{T} をかければ, $e_1^{\mathrm{T}} e_1 = 1$ であるので,

$$e_1^{\mathrm{T}} S e_1 = \lambda_1$$

となり, 求めていた分散が λ_1 で, 最大の固有値をもつ固有ベクトルが e_1 であることがわかる. この固有ベクトルが第 1 主成分の結合係数となり,

$$z_{1n} = \sum_{i=1}^{p} e_{i1} x_{in}$$

の値を第1主成分得点と呼ぶ. 第2主成分以下は, それより上位の主成分のすべてと無相関な1次式のもつ分散の中で最大となるよう e_j で決定される. すなわち第 j 主成分は, その結合係数 w_{ij} $(i = 1,...,p, j = 1,...,q)$ について以下の条件を満たせばよい.

［条件］ 第 j 主成分の分散は $Z_{j'}$ $(j' = 1,...,j-1)$ のすべてと無相関な1次式分散の中で最大. ただし

$$\sum_{i=1}^{p} w_{ij}^2 = 1 \qquad (j = 1, 2,..., q)$$

である.

2.1.2 銀行リテール力調査への応用

さて, データ解析の前処理として使われている主成分分析の事例として前述の「銀行リテール力調査」を改めて紹介したい. 本調査については日経ヴェリタス紙面で117行の順位, 総合得点以外にも評価項目別の配点が公表されているので, それらのデータを標本データとして使用することとする. 調査される銀行のリテール部署としてはどうしたら評価値を上げられるのか, そして上位にいけるのか, どこで差がついているのか, また, どのような改善策をうてばよいのかなどの分析に関心があるだろう.

まず本調査について公表されている記事内容から概要をまとめると以下の通りである.

1) 7月から8月にかけて実際に覆面調査員が店舗 (本店所在市, および本店所在市の隣接市にある支店) に出向いて, あるいは架電により, 接客姿勢, 相談・説明能力などを評価する「店頭サービス」と6月から7月にかけて4月1日時点の投資信託の品ぞろえ, 営業時間, ATM手数料などを銀行本体にアンケート調査した「商品充実度」の2分野がある.

2) 店頭サービス (200点満点) を構成する項目と配点：店舗環境・接遇 (60点), 窓口接客スキル (40点), 窓口商品説明 (60点), 電話応対 (40点)

3) 覆面調査員は1店舗あたり1人の調査員が2) の4項目を採点する.

4) 商品充実度 (100点満点) を構成する項目と配点：資産運用 (30点), 住宅ローン (30点), 顧客満足対応・セキュリティ (20点), ATM (20点)

5) 総合ランキングではこの2つの分野を合算したものを総合得点 (300点満

点) として順位をつけている.

6) 本調査では,住宅ローンを取り扱う店舗の比率,その営業時間,土日営業の店舗の比率,商品数,金利なども点数化している.

「銀行リテール力調査」について主成分分析を考える場合,次のようになろう.

1) 標本データ (n):調査対象の銀行数 117

2) 次元 (p):調査項目 8 (=店頭サービス 4 +商品充実度 4)

使用するのは第 11 回 (以下,2015 年調査) と第 12 回 (以下,2016 年調査) の調査データである.データの一部 (紙面の関係で上位 30 行まで) を表 2.2,2.3 に掲載している.

分析ツールとして R や Python のライブラリ関数を使用することが推奨されるが,いわゆる表計算ソフトでもソルバー機能があれば分析可能である.

主成分分析については 2016 年調査の結果と 2015 年調査の結果をそれぞれ図 2.6〜2.11 に掲載した.結果の表示で用いたバイプロット (biplot) は,図 2.4 に概要を示しており,各銀行の主成分得点と変数間の関係を視覚的に確認することができる.変数については,因子負荷量をプロットしたもので,因子負荷量は,各主成分と各変数間の相関係数である.各銀行については主成分得点を表し,次元の異なる因子負荷量のプロットを重ね合わせて表示しているものである.

2016 年調査,2015 年調査とも,主成分分析では第 3 主成分までで 80%程度 (これを累積寄与率と呼ぶ) を説明できるので,次元を落とした効果が確認できる.また両年とも成分比率 (固有ベクトル) はおおむね安定しており,評価方法が変わっていないことがうかがえる.寄与率 45%程度を占める第 1 主成分はすべての要素を正の重みで合成したもので総合力を表しているといってよいだろう.本調査は実際に調査員が店舗に出向き,リテール窓口で接客対応を受ける覆面調査をしている.各要素の中でも窓口商品説明が一番大きなウェイトを占めており,そこでの調査員への対応が最重要であることを改めて確認できる.次の第 2 主成分 (寄与率 20%程度) は前述のインターネットチャネルの充実度に関係し,特に資産運用と,住宅ローンを中心とするアンケート調査が効いていると思われる.窓口商品説明は反対の軸であることからもそれは裏づけられよう.第 3 主成分 (寄与率 15%程度) は店舗環境・接遇がよいかどうかと関係しているとみられる.この上位行を調べてみると,ゆとりのあるサロン的なスペース,バリアフリー,筆談ボード,キッズルーム,また平日毎日午後 7 時まで店舗が開いている,など顧客

2.1 データ・アナリティクス

順位	銀行名	総合	店頭サービス				商品充実度				店頭サービス	商品充実度
			店舗環境・接遇	窓口接客スキル	窓口商品説明	電話対応	資産運用	住宅ローン	セキュリティ・顧客満足度	ATM		
1	三井住友	258.2	60.0	40.0	54.8	31.7	21.6	21.2	12.7	16.2	186.5	71.7
2	りそな	244.6	59.5	32.8	51.0	33.6	20.6	19.7	14.5	12.9	176.9	67.7
3	池田泉州	241.8	55.8	37.5	53.2	27.6	19.4	24.0	12.0	12.3	174.1	67.7
4	埼玉りそな	239.1	60.0	37.0	52.6	29.5	19.5	14.5	14.5	11.5	179.1	60.0
5	横浜	237.1	52.0	38.6	51.8	33.3	17.6	18.0	13.5	12.3	175.7	61.4
6	みずほ	236.5	58.0	32.6	38.6	31.9	20.8	20.5	15.4	18.7	161.1	75.4
7	スルガ	235.8	59.5	36.0	39.6	34.8	19.5	22.0	11.0	13.4	169.9	65.9
8	三菱 UFJ 信託	233.1	52.0	35.0	51.6	31.5	20.1	19.2	11.5	12.2	170.1	63.0
9	三井住友信託	229.6	52.5	34.6	49.0	25.9	21.9	23.0	10.9	11.8	162.0	67.6
10	千葉	228.9	56.5	37.6	50.4	24.4	17.1	17.8	12.0	13.1	168.9	60.0
10	新生	228.9	56.0	38.2	43.6	27.2	19.8	17.3	13.8	13.0	165.0	63.9
12	三菱東京 UFJ	226.9	59.5	32.0	47.4	31.4	15.5	13.2	13.8	14.1	170.3	56.6
13	京都	226.5	58.0	31.6	44.8	29.7	15.1	20.5	11.3	11.5	168.1	58.4
14	イオン	224.3	47.3	30.2	44.8	31.0	19.4	24.0	12.1	15.5	153.3	71.0
15	足利	223.3	50.5	38.0	53.2	32.0	13.6	13.7	9.5	12.8	173.7	49.6
16	あおぞら	220.7	54.8	37.6	54.6	32.9	14.3	7.6	13.0	5.9	179.9	40.8
17	近畿大阪	220.4	48.0	35.4	46.8	31.6	18.0	18.2	12.5	9.9	161.8	58.6
18	福岡	219.4	49.5	35.6	38.2	33.5	17.9	16.6	13.3	14.8	156.8	62.6
19	伊予	218.0	55.0	33.6	45.8	33.0	14.5	12.7	10.8	12.6	167.4	50.6
20	八十二	216.6	57.0	35.6	50.2	31.1	13.3	11.3	7.7	10.4	173.9	42.7
21	SMBC 信託	214.8	57.4	35.0	41.4	27.9	13.5	14.5	10.8	14.3	161.7	53.1
22	百五	213.7	49.5	36.6	44.4	32.8	11.0	15.0	12.3	12.1	163.3	50.4
23	西日本シティ	212.9	48.2	29.0	42.4	27.8	20.2	20.5	11.2	13.6	147.4	65.5
24	群馬	212.1	38.6	35.6	52.4	31.5	12.6	19.3	11.6	10.5	158.1	54.0
25	十六	211.9	44.5	34.0	38.0	32.8	16.1	23.2	11.3	12.0	149.3	62.6
26	常陽	211.3	41.5	29.4	51.0	27.3	23.6	19.0	11.1	8.4	149.2	62.1
27	広島	210.5	52.5	29.2	32.0	34.1	18.9	17.4	13.3	13.1	147.8	62.7
28	岩手	210.4	58.0	39.0	41.8	32.3	8.8	12.7	8.8	9.0	171.1	39.3
28	武蔵野	210.4	51.9	36.0	42.0	28.6	14.0	17.3	9.6	11.0	158.5	51.9
30	但馬	209.6	53.3	31.2	47.4	29.2	13.4	20.2	6.6	8.3	161.1	48.5

2.2 2016 年調査上位 30 行の得点内訳（出典：日経ヴェリタス，2016 年 10 月 2 日）

順位	銀行名	総合	店舗環境・接遇	窓口接客スキル	窓口商品説明	電話対応	資産運用	住宅ローン	セキュリティ・顧客満足対応	ATM	店頭サービス	商品充実度
1	新生	249.7	57.5	37.6	50.0	29.0	23.3	22.5	16.8	13.0	174.1	75.6
2	三井住友	248.2	59.0	36.2	52.0	27.8	21.5	20.2	15.3	16.2	175.0	73.2
3	イオン	244.2	54.0	35.6	56.2	22.2	23.2	25.5	12.0	15.5	168.0	76.2
4	スルガ	242.2	57.4	37.0	44.8	35.8	18.1	19.9	15.8	13.4	175.0	67.2
5	みずほ	241.4	45.5	30.8	51.0	31.7	23.2	24.0	17.0	18.2	159.0	82.4
6	埼玉りそな	238.8	55.0	37.6	54.2	24.7	20.2	19.2	15.0	12.9	171.5	67.3
7	広島	238.1	59.0	36.0	47.9	33.3	17.6	16.9	14.5	12.9	176.2	61.9
8	りそな	237.4	50.5	32.6	54.6	29.2	21.7	20.4	15.0	13.4	166.9	70.5
9	近畿大阪	233.8	54.0	35.0	51.3	30.6	18.6	17.9	15.0	11.4	170.9	62.9
10	常陽	232.9	49.4	34.0	51.3	31.8	21.3	20.2	16.0	8.9	166.5	66.4
11	三菱東京UFJ	232.1	53.0	33.7	41.2	33.4	17.9	22.0	16.8	14.1	161.3	70.8
12	東邦	229.7	51.5	38.6	48.8	29.3	12.9	20.5	14.5	13.6	168.2	61.5
13	中国	228.6	53.0	35.0	51.0	33.8	12.2	20.2	13.2	10.2	172.8	55.8
14	池田泉州	226.0	46.9	31.6	48.4	32.7	18.0	22.0	15.0	11.4	159.6	66.4
15	佐賀	221.9	56.8	36.0	50.0	33.6	14.7	21.4	9.0	0.4	176.4	45.5
16	京都	220.9	51.5	32.2	47.6	27.7	17.0	20.4	13.0	11.5	159.0	61.9
16	三菱UFJ信託	220.9	53.0	29.0	45.5	30.3	18.7	19.2	13.0	12.2	157.8	63.1
18	足利	220.3	46.5	38.0	54.8	27.2	15.3	16.0	9.7	12.8	166.5	53.8
18	武蔵野	220.3	44.5	35.2	52.8	30.9	13.9	20.5	11.5	11.0	163.4	56.9
20	あおぞら	219.8	56.0	40.0	56.0	22.8	19.2	10.6	9.3	5.9	174.8	45.0
21	伊予	219.6	56.0	37.6	38.0	30.0	15.6	16.4	14.8	11.2	161.6	58.0
22	千葉	219.1	32.0	35.2	53.0	28.4	20.1	20.3	16.0	14.1	148.6	70.5
23	横浜	218.8	42.3	26.0	44.4	34.6	19.5	22.7	17.0	12.3	147.3	71.5
24	西日本シティ	217.2	55.5	31.8	26.0	28.9	21.4	24.5	15.5	13.6	142.2	75.0
25	群馬	216.1	37.9	38.0	49.2	32.6	17.1	16.0	15.2	10.1	157.7	58.4
26	東京スター	215.4	49.9	34.2	50.0	24.4	20.8	10.5	12.5	13.1	158.5	56.9
27	三井住友信託	215.2	49.5	23.7	38.4	28.2	26.1	25.0	12.5	11.8	139.8	75.4
28	福岡	214.0	44.0	35.6	44.8	26.9	17.1	17.0	13.8	14.8	151.3	62.7
29	荘内	212.6	52.5	29.8	47.6	27.7	18.1	22.2	9.0	5.7	157.6	55.0
30	福井	210.8	56.0	30.8	53.4	28.3	11.8	14.6	12.0	3.9	168.5	42.3

2.3 2015年調査上位30行の得点内訳（出典：日経ヴェリタス，2015年10月5日）

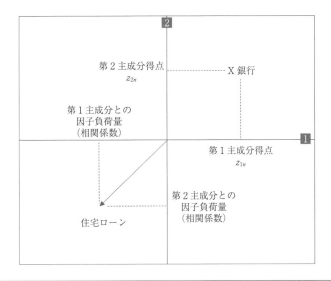

2.4 バイプロットの見方

目線の一歩踏み込んだサービスを展開していた．これはなにか"プレミアムなおもてなし"の特徴をとらえている成分ということになる．窓口商品説明は反対の軸であり，店舗環境と窓口説明は反比例する傾向があるか，あるいは営業時間などはアンケートからの評価項目が作用していると推察される．第 4 主成分 (寄与度 7%程度) は"住宅ローン商品における一歩踏み込んだ利便性や付加価値"を特徴とする成分であるように思われる．家事サポートなどの保険を組み合わせた品ぞろえのある銀行が住宅ローンベクトル方向に位置しているからだ．また反対の軸にいくほど窓口接客スキルに重点がおかれていく．

上記の主成分分析の解釈をデフォルメすれば図 2.5 のようなイメージになろう．

主成分分析の結果はデータのスケーリングに依存する．項目により配点が異なる本調査のようなケースで，各項目について同等に扱いたい場合は標準化すればよい．標準化とは各項目の得点より，該当する項目の全データの平均を引き，標準偏差で割ることによって平均 0，分散 1 の標準正規に従うデータに変換することである．

これまでは 117 行すべてを使った主成分分析であったが，対象データ群をグルーピングすることによってその分析内容は異なってくる．例えば上位 30 行のデー

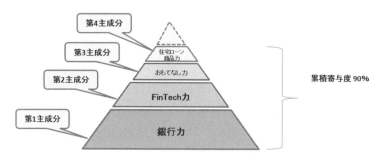

図 2.5　主成分分析の解釈のイメージ

タで分析をしてみると 117 行での分析結果との違い，さらに 2015 年と 2016 年を比べた差異から，傾向が変化していることも読み取れる．結果を図 2.12〜2.17 に示している．

　上位 30 行のデータでは，2016 年調査では第 3 主成分までの累積寄与率は 80% と 117 行データとほぼ変わらなかったが，2015 年調査では 75% とやや低下した．両年とも第 1 主成分の寄与率は 33% と低下し，代わりに第 2 主成分の寄与率が 27% 程度まで上昇している．またそれぞれの主成分の意味合いを見てみると，第 1 主成分は窓口接客スキル，窓口商品説明力のところは変わらないように見えるが，注意して見ると 2015 年調査は店舗環境・接遇が第 1 主成分に対してはほぼニュートラルで，主として第 2 主成分に影響していることがわかる．また第 2 主成分については両年とも店舗環境・接遇，窓口接客スキルが正に効いているが，2016 年調査はそれに加え電話対応，ATM，顧客満足対応，セキュリティが新たに影響に加わっている．117 行データでは第 2 主成分はインターネットチャネルの充実度と見ていたが，上位 30 行ではインターネットチャネルの充実度にはそれほど差がなく店舗環境・接遇，窓口接客スキルなどで，接客対応関連がよりシビアに評価されている．ただしコールセンター，ATM，セキュリティなど FinTech 関連も影響しはじめているようだ．

　上位 30 行において総合的な特徴が影響してくるのは第 3 主成分からである．第 3 主成分の寄与度は 2015 年調査の 14% から 2016 年調査は 20% に上昇している．第 4 主成分 (2016 年寄与率 6%，2015 年寄与率 9%) については年ごとに特徴が異なるが，窓口接客スキルやセキュリティ・顧客満足対応，ATM など UI と関係がありそうだ．

2.1 データ・アナリティクス

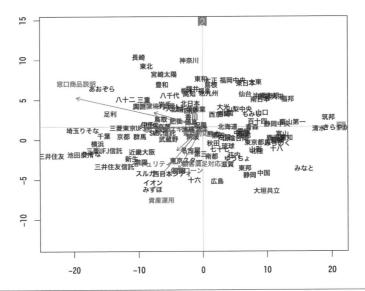

2.6 2016年調査の主成分分析結果1：第1, 2主成分 biplot〔口絵1参照〕

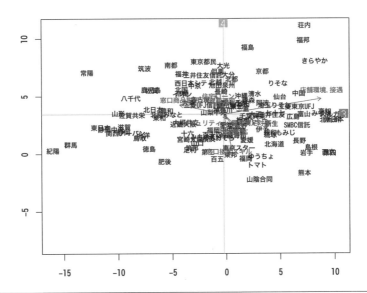

2.7 2016年調査の主成分分析結果2：第3, 4主成分 biplot〔口絵2参照〕

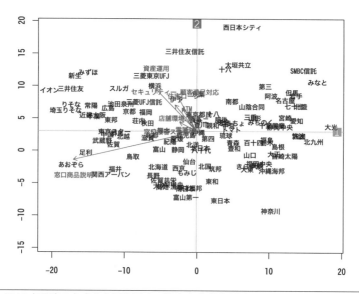

図 2.8　2015 年調査の主成分分析結果 1：第 1, 2 主成分 biplot

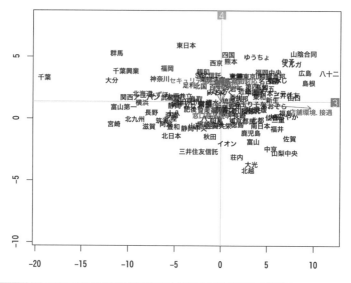

図 2.9　2015 年調査の主成分分析結果 2：第 3, 4 主成分 biplot

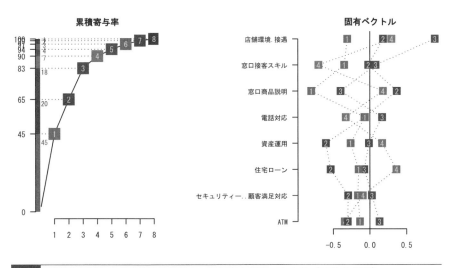

2.10 2016 年調査の主成分分析結果 3：寄与率と固有ベクトル〔口絵 5 参照〕

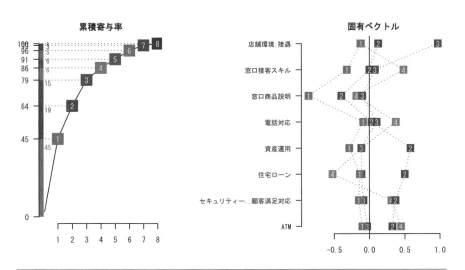

2.11 2015 年調査の主成分分析結果 3：寄与率と固有ベクトル

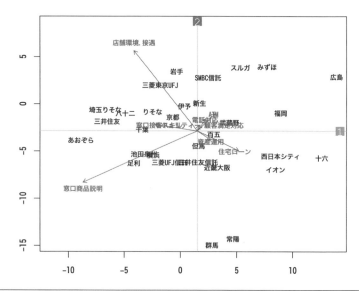

図2.12 2016年調査上位30行の主成分分析結果1：第1, 2主成分 biplot〔口絵3参照〕

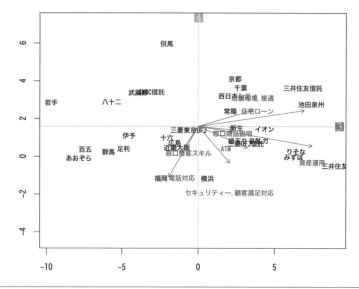

図2.13 2016年調査上位30行の主成分分析結果2：第3, 4主成分 biplot〔口絵4参照〕

2.1 データ・アナリティクス

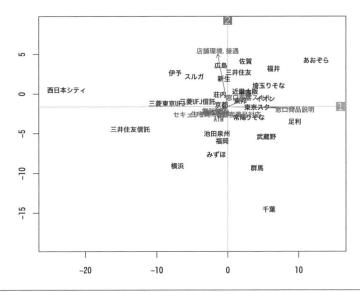

2.14 2015年調査上位30行の主成分分析結果1：第1, 2主成分 biplot

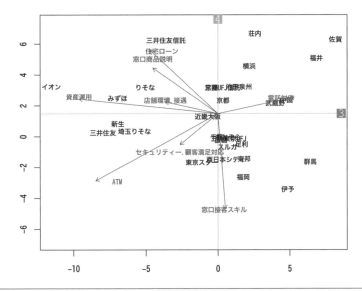

2.15 2015年調査上位30行の主成分分析結果2：第3, 4主成分 biplot

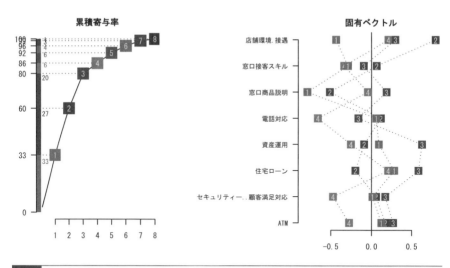

図 2.16　2016 年調査上位 30 行の主成分分析結果 3：寄与率と固有ベクトル〔口絵 6 参照〕

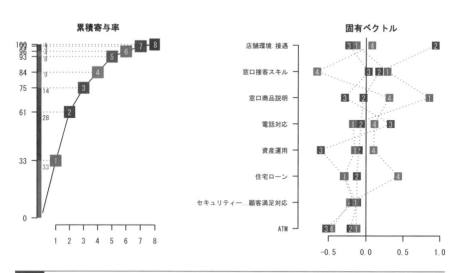

図 2.17　2015 年調査上位 30 行の主成分分析結果 3：寄与率と固有ベクトル

■ コラム 2 —— Google Trends

　Google Trends で前述の「銀行リテール力調査」に関連してメガバンク 3 行と2015 年の調査で 1 位となった新生銀行を比較してみた．メガバンク 3 行については三井住友銀行＞みずほ銀行＞三菱東京 UFJ 銀行という相対的な順位関係が，「銀行リテール力調査」の結果と同じであることは興味深い．また新生銀行は安定した推移を示し，2015 年半ばまで三菱東京 UFJ 銀行を上回っていたが，2015 年後半から 2016 年の「銀行リテール力調査」期間にかけて三菱東京 UFJ 銀行が 2 度のピークをつけ逆転していることがわかる．偶然かもしれないが Google Trends の変化は「銀行リテール力調査」の相対順位を裏づけたものになっていた．

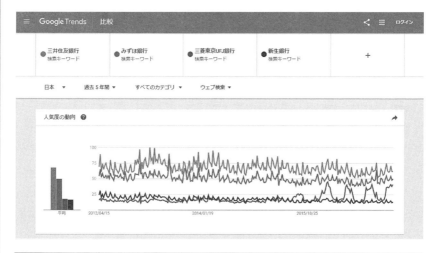

2.18　メガバンク 3 行と新生銀行の Google Trends 比較

2.2　人　工　知　能

　本節では人工知能 (AI) に用いられる技術の金融分野での応用例として，邦銀の R&I 格付推定モデルについて解説する[*1]．

　S&P や Moody's，格付投資情報センター (R&I) といった格付会社によって付与されている格付 (外部格付) は，企業の信用力を表す指標として金融業界を中心に幅広く活用されている．2.1 節ではリテール力という観点で銀行の比較を行っ

[*1] 格付投資情報センター (R&I) 公開の格付情報を同社の許諾を得て使用．

たが，銀行の信用力を比較する際は，こうした外部格付を評価基準として用いることが一般的であろう．

銀行の実務においても，貸出金利の決定や貸倒引当金の算出などに外部格付に準拠した格付 (内部格付) が利用されている．格付会社による格付が実務的にも重要な意味合いをもつ一方で，取得するための費用や時間などの問題で，外部格付を有するのは一部の大企業に限られているのが現状である．こうした背景により，多くの銀行では外部格付をもたない中小企業の信用力を評価する目的で，財務データから格付を推定するモデル (内部格付モデル) を構築している [*2]．

代表的な内部格付モデルとして，ある時点での財務データを被説明変数とし，その時点からの経過期間 (例えば 1 年〜5 年など) ごとの期間内のデフォルトの有無を推定するモデルが挙げられる．Heaton et al. [35] はこうした問題についてもディープラーニングの応用が可能であると主張している．こうした 2 値分類のデフォルト推定モデルの例については FinTech ライブラリーの続刊，嶋田ほか [36] で実際のデータを用いた分析例を示す．

本節ではやや特殊な方法ではあるが，図 2.19 のように，ある時点における対象企業の R&I 格付を被説明変数とし，説明変数である同時点の財務データから (デフォルトの有無ではなく) 外部格付そのものを推定するモデルの例を示す．同様の問題に対する先行研究としては田中・中川 [37] が挙げられる．彼らは SVM (サポートベクターマシン) による多群判別分析の手法を提案し，逐次ロジット

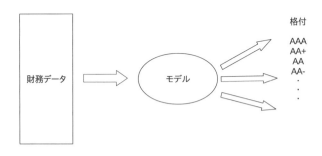

2.19　格付推定モデル

[*2] 室町 [34] によれば，実務的には財務データから推定した格付 (モデル格付) に対して定性情報を加味した調整を加え，最終的な内部格付を決定する方法が一般的とされている．

モデルとの比較を通じて SVM の有効性を示している. 勝田・田中 [38] では同様の問題に対して中間層 1 層のニューラルネットワークモデルによる推定の精度を検証し, 金融機関を除く 75 社の上場企業に対して K-分割交差検証を行った結果, 平均で 60〜70%程度の正解率となることを示している. 海外の事例では, Huang et al. [39] が台湾の企業群について, SVM とニューラルネットワークモデルの比較を行い, ニューラルネットワークモデルがよい精度となることを示している.

以下では簡単な分析例として, 邦銀の財務データと R&I 社の格付情報を利用した分析を示す.

2.2.1　機械学習とディープラーニング

分析にあたって, ロジスティック回帰, 決定木, 多層パーセプトロン, SVM の 4 手法に加え, FinTech ライブラリーの続刊, 嶋田ほか [36] で解説する正則化, 事前学習, ドロップアウトを用いた 3〜5 層のディープニューラルネットワークモデルを用いる. 本項ではそれぞれのモデルの概略と Python による実装例を示す *3).

a.　ロジスティック回帰

まず単純な 2 値分類のロジスティック回帰について解説する. 2 値分類のロジスティック回帰は被説明変数が 0 と 1 の 2 値をとる場合に使われる回帰分析手法である. 単にロジスティック回帰という場合, この 2 値分類モデルを指す場合が多い. 前述の嶋田ほか [36] で 2 値変数と多クラス分類のニューラルネットワークモデルについて解説するが, ロジスティック回帰モデルは同モデルの中間層をなくしたものと等しい. d をあるクラスに属するかどうかの 0–1 変数とすると, M 個の入力 $\boldsymbol{x}$ とパラメータ $\boldsymbol{w}$ に対して, $d = 1$ となる確率 p は

$$p(d = 1|\boldsymbol{x}, \boldsymbol{w}) = \frac{1}{1 + \exp(-\boldsymbol{w}^\top \boldsymbol{x})}$$

で定義される. M 個の入力 $\boldsymbol{x}_m$ $(m = 1, \ldots, M)$ と出力 d_m が与えられたとき, パラメータ $\boldsymbol{w}$ は以下の尤度関数 L を最大化することにより求められる.

---

*3)　多層パーセプトロンとディープニューラルネットワークについては実装例のみを示す. 理論的な解説については嶋田ほか [36] を参照されたい.

$$L(\boldsymbol{w}) = \prod_{m=1}^{M} p(\boldsymbol{x}_m, \boldsymbol{w})^{d_m} \{1 - p(\boldsymbol{x}_m, \boldsymbol{w})\}^{1-d_m} \tag{2.1}$$

尤度関数とは，分析者が設定したある確率モデルとそのモデルのパラメータがあるときに，パラメータを所与としたときに計算される観測値の尤もらしさを表す関数である．この尤度関数を最大化しパラメータを推定する方法を最尤法という．(2.1) 式の負の対数をとったものを損失関数として定義する．

$$E(\boldsymbol{w}) = -\ln L(\boldsymbol{w})$$
$$= -\sum_{m=1}^{M} \{d_m \ln p(\boldsymbol{x}_m, \boldsymbol{w}) + (1 - d_m) \ln(1 - p(\boldsymbol{x}_m, \boldsymbol{w}))\} \tag{2.2}$$

(2.2) 式はクロスエントロピー損失関数と呼ばれる．

次に，K 個のクラスに対する多クラス分類のロジスティック回帰を考える．$\boldsymbol{d}$ をクラス $\mathcal{C}_k$ に属するとき第 k 要素が 1，そのほかの要素が 0 となる K 次元のベクトルとする．入力 $\boldsymbol{x}$ とパラメータ $\boldsymbol{w}_1, \ldots, \boldsymbol{w}_K$ に対して，出力結果がクラス k に属する確率 p_k は，

$$p_k(\boldsymbol{x}, \boldsymbol{w}_1, \ldots, \boldsymbol{w}_K) = \frac{\exp(\boldsymbol{w}_k^\top \boldsymbol{x})}{\sum_{k=1}^{K} \exp(\boldsymbol{w}_k^\top \boldsymbol{x})} \tag{2.3}$$

で定義される．(2.3) 式はソフトマックス関数と呼ばれる．

ソフトマックス関数を用いる場合，$\boldsymbol{w}$ の識別性の問題に注意が必要である．例えば，(2.3) 式の入力に一律に定数を加えても出力値は変化しないため，パラメータ $\boldsymbol{w}$ が一意に定まらず，学習の進みが著しく遅くなってしまう問題が発生しうる．こうした問題については，正則化やあるユニットの入力を強制的に 0 とするなどの方法で対処することが一般的である．

多クラス分類のロジスティック回帰の尤度関数は

$$L(\boldsymbol{w}_1, \ldots, \boldsymbol{w}_K) = \prod_{m=1}^{M} \prod_{k=1}^{K} \{p_k(\boldsymbol{x}_m, \boldsymbol{w}_1, \ldots, \boldsymbol{w}_K)\}^{d_{mk}} \tag{2.4}$$

で定義される．2 値分類の場合と同様に (2.4) 式の負の対数をとることで，損失関数 E は

$$E(\boldsymbol{w}_1, \ldots, \boldsymbol{w}_K) = -\ln L(\boldsymbol{w}_1, \ldots, \boldsymbol{w}_K)$$
$$= -\sum_{m=1}^{M} \sum_{k=1}^{K} \{d_{mk} \ln(p_k(\boldsymbol{x}_m, \boldsymbol{w}_1, \ldots, \boldsymbol{w}_K))\}$$

で表される．2 値分類・多クラス分類どちらの場合も損失関数 E の最小化問題の解析解を得ることはできないため，通常は Newton–Raphson 法などの数値解析手法によりパラメータを推定する．

　一般に，入力の次元数が高い統計モデルは過学習に陥りやすいという欠点がある．Python の機械学習ライブラリである scikit-learn [40] [41] の LogisticRegression モジュールには，過学習を回避するための手法として L1，L2 正則化が実装されている．2 値分類ロジスティック回帰に L1 正則化を用いた場合の損失関数 E^{L1} は，正則化パラメータ C を用いて以下のように書き換えられる *4)．

$$E^{\mathrm{L1}}(\boldsymbol{w}) = ||\boldsymbol{w}||_1 + CE(\boldsymbol{w}) \tag{2.5}$$

同様に，L2 正則化を用いた場合の損失関数 E^{L2} は，

$$E^{\mathrm{L2}}(\boldsymbol{w}) = \frac{1}{2}||\boldsymbol{w}||_2 + CE(\boldsymbol{w}) \tag{2.6}$$

となる．ただし，$||\cdot||_1$，$||\cdot||_2$ はそれぞれ L1，L2 ノルムを表す．

　ソースコード 2.1 は $C = 0.1$ の L2 正則化でパラメータを推定する際のプログラムである．このプログラムでは，訓練データ (Data_train.csv) でパラメータを推定し，訓練データと検証データ (Data_valid.csv) それぞれに対する正解率を求めている．

ソースコード **2.1**　Python3.5 ロジスティック回帰実装例

```
1    import pandas as pd
2    import numpy as np
3    from sklearn.linear_model import LogisticRegression
4
5    # load dataset
6    df_train = pd.read_csv('Data_train.csv')
7    df_valid = pd.read_csv('Data_valid.csv')
8
9    # set X and Y
10   trX, trY = np.array(df_train.drop('y', axis=1)), np.array(
         df_train['y'])
11   valX, valY = np.array(df_valid.drop('y', axis=1)), np.array(
         df_valid['y'])
```

---

*4)　一般的な定義では正則化パラメータ C は正則化項の前にかかる場合が多い．scikit-learn では (2.5) 式および (2.6) 式のように損失関数 E の前にかかっているため，パラメータの大小の効果が通常の定義と逆となることに注意が必要である．

```
12
13      # define Logistic Regression
14      LR = LogisticRegression(penalty='l2', C=0.1)
15
16      # fit model
17      LR.fit(trX, trY)
18
19      # show accuracy score of validation dataset
20      print(LR.score(valX,valY))
21
22      # show accuracy score of training dataset
23      print(LR.score(trX,trY))
```

実際の推定時は，元データから推定されるパラメータ w とは別に，外生的に正則化パラメータの C を決定する必要がある．こうしたパラメータはハイパーパラメータと呼ばれ，2.2.2 項で解説するグリッドサーチなどの方法で決定することが一般的である．

b. 決定木

決定木は図 2.20 のように元データの特徴から複数の単純な分岐条件 (ノード) を生成し，その分岐条件に基づいてデータを分類するモデルである．モデルを容易に可視化でき，分類のプロセスを理解しやすい点が特徴である．決定木のアルゴリズムとして Breiman et al. [42] による CART (Classification and Regression Trees)，Quinlan による ID3 [43] や C4.5 [44] がよく知られているが，ここでは

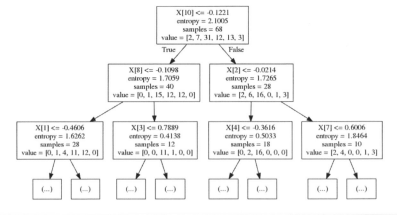

2.20 決定木

このうち CART アルゴリズムについて解説する[*5].

まず，M 個の入力 $\boldsymbol{x}_m\ (m = 1,\dots,M)$ と K 個の出力値 $0, 1,\dots, K-1$ をとる d_m で構成されるデータセットを考える．ノード s におけるデータを Q で表し，入力値のインデックス j と閾値 t_s で構成される $\theta = (j, t_s)$ によってデータを以下のように $Q_{\text{left}}(\theta)$ と $Q_{\text{right}}(\theta)$ へ分割する．

$$Q_{\text{left}}(\theta) = \{\boldsymbol{x}, \boldsymbol{d} | x_j \leq t_s\}$$
$$Q_{\text{right}}(\theta) = Q \backslash Q_{\text{left}}(\theta)$$

ノード s における不純度[*6] G は不純度関数 (impurity function) H により，

$$G(Q, \theta) = \frac{n_{\text{left}}}{N_s} H(Q_{\text{left}}) + \frac{n_{\text{right}}}{N_s} H(Q_{\text{right}})$$

で与えられる．ただし，N_s はノード s におけるデータ数であり，$n_{\text{left}}, n_{\text{right}}$ は分割後のデータ数である．分割の最適なパラメータ θ^* は G の最小化によって求められる．

$$\theta^* = \arg\min_{\theta} G(Q, \theta)$$

上記の分割を最大の深さ (maximum depth) に到達するか $N_s = 1$ となるまで繰り返すことにより，モデルを推定する．scikit-learn の `DecisionTreeClassifier` には不純度関数 H として，ジニ不純度 (Gini impurity) とクロスエントロピーが実装されている．ノード s における出力が $0, 1, \dots, K-1$ であり，データ数 N_s に対して領域 R_s が定義されるとき，クラス k のデータ点の割合 p_{sk} を

$$p_{sk} = \frac{1}{N_s} \sum_{x_i \in R_s} \mathbf{1}_{\{d_i = k\}}$$

と定義すると，ジニ不純度の不純度関数は

$$H(X_s) = \sum_k p_{sk}(1 - p_{sk})$$

となる．また，クロスエントロピーの不純度関数は

$$H(X_s) = -\sum_k p_{sk} \ln(p_{sk})$$

[*5] scikit-learn の `DecisionTreeClassifier` モジュールおよび `DecisionTreeRegressor` モジュールでは同アルゴリズムが利用されている．

[*6] 不純度とは，ノードでの分割後のデータに異なるクラスのサンプルがどの程度の割合で混ざっているかを定量化する指標である．

となる．ただし，X_s はノード s におけるデータの部分集合である．ソースコード 2.2 に最大の深さを 3 として推定を行うプログラムを示す．

ソースコード **2.2** Python3.5 決定木実装例

```
 1   import pandas as pd
 2   import numpy as np
 3   from sklearn.tree import DecisionTreeClassifier
 4
 5   # load dataset
 6   df_train = pd.read_csv('Data_train.csv')
 7   df_valid = pd.read_csv('Data_valid.csv')
 8
 9   # set X and Y
10   trX, trY = np.array(df_train.drop('y', axis=1)), np.array(
         df_train['y'])
11   valX, valY = np.array(df_valid.drop('y', axis=1)), np.array(
         df_valid['y'])
12
13   # define Decision Tree
14   DT = DecisionTreeClassifier(max_depth=3)
15
16   # fit model
17   DT.fit(trX, trY)
18
19   # show accuracy score of validation dataset
20   print(DT.score(valX,valY))
21
22   # show accuracy score of training dataset
23   print(DT.score(trX,trY))
```

ソースコード 2.2 ではロジスティック回帰 (ソースコード 2.1) と同様に，訓練データ (Data_train.csv) でパラメータを推定し，訓練データと検証データ (Data_valid.csv) それぞれに対する正解率を求めている．また，決定木では最大の深さをハイパーパラメータとして外生的に与える場合が多い．2.2.2 項で説明するグリッドサーチと呼ばれる方法により，ロジスティック回帰における正則化パラメータ C と同様に最適な深さを決定することができる．

c. サポートベクターマシン

サポートベクターマシン (Support Vector Machine, SVM) は Vapnik [45] によって最初に提案された機械学習モデルである．栗田 [46] によれば，SVM の起源は 1960 年代に Vapnik らにより考案された Optimal Separating Hyperplane

であり，1990年代にカーネル学習法による非線形の識別手法へと拡張されたものである．

SVMはニューラルネットワークを単純化したものであり，線形しきい素子を用いて2クラスのパターン識別子を構成する手法である．線形しきい素子は入力ベクトル x に対し，識別関数

$$y = \mathrm{sgn}(\boldsymbol{w}^\top \boldsymbol{x} - h) \tag{2.7}$$

により2値の出力値を計算する．ここで，$\mathrm{sgn}(z)$ は符号関数であり，

$$\mathrm{sgn}(z) = \begin{cases} 1 & (z > 0) \\ -1 & (z \leq 0) \end{cases}$$

である．一般的なニューラルネットワークでは誤分類率の最小化によってモデルの推定を行うのに対し，SVMではマージン (margin) の最大化によりモデルを推定する．

最初にデータが線形分離可能な場合を考える．線形分離可能とは，(2.7) 式により，任意の入力値 x と出力値 y を誤りなく分類できるパラメータ w, h が存在することを指す．

パラメータの推定にあたって，SVMではマージンという概念を用いる．マージンはデータを完全に分離する決定境界と最も近いデータ点までの距離と定義される．一般に，データが線形分離可能な場合には決定境界は一意に定まるとは限らないが，SVMでは図2.21のようにマージンを最大化するという基準をおくこ

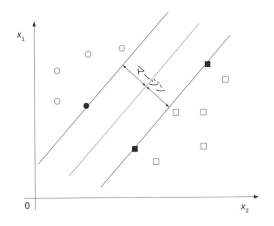

2.21 最大マージン

とで，点線で示した決定境界が一意に決まる．

決定境界に最も近いデータ (黒い点) はサポートベクトル (support vector) と呼ばれる．データが線形分離可能な場合，M 個の入力 $\boldsymbol{x}_m$ $(m = 1, \dots, M)$ と出力 $y_m \in \{1, -1\}$ に対し，

$$y_m(\boldsymbol{w}^\top \boldsymbol{x}_m - h) \geq 1 \qquad (m = 1, \dots, M) \tag{2.8}$$

となるパラメータが存在する．このとき，マージンは $\frac{1}{\|\boldsymbol{w}\|}$ となる．通常はこれの逆数をとって 2 乗した目的関数

$$L(\boldsymbol{w}) = \frac{1}{2}\|\boldsymbol{w}\|^2 \tag{2.9}$$

を最小化することでパラメータを求める．(2.9) 式は数理計画法の分野で 2 次計画問題として知られており，さまざまな数値計算法が提案されている．以下では双対問題に帰着して解く方法を示す．まず，(2.9) 式をラグランジュ関数

$$L(\boldsymbol{w}, h, \boldsymbol{\alpha}) = \frac{1}{2}\|\boldsymbol{w}\|^2 - \sum_{m=1}^{M} \alpha_m \{y_m(\boldsymbol{w}^\top \boldsymbol{x}_m - h) - 1\} \tag{2.10}$$

で書き換える．ここで，$\alpha_m \geq 0$ $(m = 1, \dots, M)$ はラグランジュ乗数である．(2.10) 式を $\boldsymbol{w}$ および h で偏微分することにより，

$$\boldsymbol{w} = \sum_{m=1}^{M} \alpha_m y_m \boldsymbol{x}_m$$

$$0 = \sum_{m=1}^{M} \alpha_m y_m$$

が得られる．これらを (2.10) 式へ代入すると，以下の双対問題が得られる．

$$L_D(\boldsymbol{\alpha}) = \sum_{m=1}^{M} \alpha_m - \frac{1}{2}\sum_{i=1}^{M}\sum_{j=1}^{M} \alpha_i \alpha_j y_i y_j \boldsymbol{x}^\top \boldsymbol{x}$$

$$\text{s.t.} \quad \sum_{m=1}^{M} \alpha_m y_m = 0, \quad \alpha_m \geq 0 \qquad (m = 1, \dots, M) \tag{2.11}$$

(2.11) 式の最大化により得られる最適解 α_m^* を用いて，識別関数は

$$y(\boldsymbol{x}) = \text{sgn}\left\{\sum_{s \in \mathcal{S}} \alpha_s^* y_s \boldsymbol{x}_s^\top \boldsymbol{x} - h^*\right\} \tag{2.12}$$

で表される．ここで，$\mathcal{S}$ はサポートベクトルの添字集合である．

次に，データが線形分離不可能な場合を考える．線形分離ができない場合には

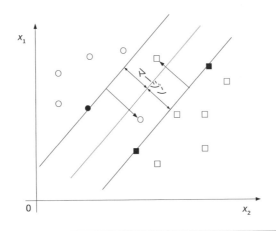

2.22 ソフトマージン

ソフトマージンと呼ばれる方法がよく利用される．ソフトマージンとは図2.22のように，いくつかのデータが決定境界を越えて反対側に入ってしまうことを許す方法である．(2.8) 式に対してスラック変数 $\xi_m \geq 0$ を導入することで，

$$y_m(\boldsymbol{w}^\top \boldsymbol{x}_m - h) \geq 1 - \xi_m \quad (m = 1, \ldots, M) \tag{2.13}$$

と書き換えることができる．ここで，ξ_m は超平面の反対側へ入る割合を表し，$\xi_m > 1$ の場合に誤判別となる．超平面の反対側へ入る程度を $\frac{\xi_m}{\|\boldsymbol{w}\|}$ と表すと，その和

$$\sum_{m=1}^{M} \frac{\xi_m}{\|\boldsymbol{w}\|} \tag{2.14}$$

が最小となることが望ましい．これは，以下の目的関数 L の最小化問題へと帰着される．

$$\begin{aligned}
L(\boldsymbol{w}, \boldsymbol{\xi}) &= \frac{1}{2}\|\boldsymbol{w}\|^2 + C \sum_{m=1}^{M} \xi_m \\
\text{s.t.} \quad & \xi \geq 0, \\
& y_m(\boldsymbol{w}^\top \boldsymbol{x}_m - h) \geq 1 - \xi_m \quad (m = 1, \ldots, M)
\end{aligned} \tag{2.15}$$

ここで，(2.15) 式の C は誤分類をどの程度許容するかをコントロールする変数である．

ソフトマージンを用いることで線形分離不可能なデータでも分類が可能となっ

たが，より複雑な問題に対してはカーネルトリックと呼ばれる方法がよく用いられる．カーネルトリックでは入力 $\boldsymbol{x}$ を非線形の写像 $\phi(\boldsymbol{x})$ により変換し，生成された新しいデータにより分類を行うことを考える．(2.11) 式や (2.12) 式の入力 $\boldsymbol{x}$ を $\phi(\boldsymbol{x})$ に置き換えると，目的関数は

$$L_D(\boldsymbol{\alpha}) = \sum_{m=1}^{M} \alpha_m - \frac{1}{2} \sum_{i=1}^{M} \sum_{j=1}^{M} \alpha_i \alpha_j y_i y_j \phi(\boldsymbol{x})^\top \phi(\boldsymbol{x})$$

$$\text{s.t.} \quad \sum_{m=1}^{M} \alpha_m y_m = 0, \quad \alpha_m \geq 0 \quad (m = 1, \ldots, M) \tag{2.16}$$

であり，識別関数は

$$y(\boldsymbol{x}) = \text{sgn}\left\{ \sum_{s \in \mathcal{S}} \alpha_s^* y_s \phi(\boldsymbol{x}_s)^\top \phi(\boldsymbol{x}) - h^* \right\} \tag{2.17}$$

となる．カーネル関数を

$$K(\boldsymbol{x}_i, \boldsymbol{x}_j) = \phi(\boldsymbol{x}_i)^\top \phi(\boldsymbol{x}_j) \tag{2.18}$$

と定義することで，比較的少ない計算負荷で識別関数を構成することが可能となる．こうしたテクニックをカーネルトリックと呼ぶ．scikit-learn には以下の4種類のカーネル関数が実装されている．

$$K(x_i, x_j) = \begin{cases} \langle x_i, x_j \rangle & \text{(linear)} \\ (\gamma \langle x_i, x_j \rangle + r)^d & \text{(polynomial)} \\ \exp\{-\gamma |x_i - x_j|^2\} & \text{(rbf)} \\ \tanh(\gamma \langle x_i, x_j \rangle + r) & \text{(sigmoid)} \end{cases}$$

上記の γ や r，d はハイパーパラメータとして外生的に与える必要がある．決定の方法についてはほかの手法と同様，グリッドサーチなどを用いるのが一般的である．ソースコード 2.3 では rbf カーネルを用い，$C = 100$，$\gamma = 0.1$ として推定を行っている．

ソースコード **2.3** Python3.5 SVM 実装例

```
1   import pandas as pd
2   import numpy as np
3   from sklearn.svm import SVC
4
5   # load dataset
6   df_train = pd.read_csv('Data_train.csv')
7   df_valid = pd.read_csv('Data_valid.csv')
```

$$2.2 \quad 人 \ 工 \ 知 \ 能 \qquad 97$$

```
 8
 9    # set X and Y
10    trX, trY = np.array(df_train.drop('y', axis=1)), np.array(
          df_train['y'])
11    valX, valY = np.array(df_valid.drop('y', axis=1)), np.array(
          df_valid['y'])
12
13    # define Support Vector Machine
14    SVM = SVC(C=100, gamma=0.1, probability=True)
15
16    # fit model
17    SVM.fit(trX, trY)
18
19    # show accuracy score of validation dataset
20    print(SVM.score(valX,valY))
21
22    # show accuracy score of training dataset
23    print(SVM.score(trX,trY))
```

d. 多層パーセプトロン

本書では多層パーセプトロンを隠れ層1層の事前学習・ドロップアウトなしの
ニューラルネットワークモデルと定義する．理論的な解説については FinTech ラ
イブラリーの続刊，嶋田ほか [36] で触れるため，ここでは scikit-learn を用いた実
装例のみを紹介する．ソースコード 2.4 に隠れ層次元 8，活性化関数として ReLU
を選択し，最大 1000 回の学習を行うモデルを推定するプログラムを示す．

ソースコード **2.4** Python3.5 多層パーセプトロン実装例

```
 1    import pandas as pd
 2    import numpy as np
 3    from sklearn.neural_network import MLPClassifier
 4    from sklearn.preprocessing import label_binarize
 5
 6    # load dataset
 7    df_train = pd.read_csv('Data_train.csv')
 8    df_valid = pd.read_csv('Data_valid.csv')
 9
10    # set X and Y
11    trX, trY = np.array(df_train.drop('y', axis=1)), np.array(
          df_train['y'])
12    valX, valY = np.array(df_valid.drop('y', axis=1)), np.array(
          df_valid['y'])
13
```

```
14    # binarize Y
15    _trY = label_binarize(trY, classes= range(21))
16    _valY = label_binarize(valY, classes= range(21))
17
18    # define Multi-Layer Perceptron
19    MLP = MLPClassifier(hidden_layer_sizes=8, activation='relu',
          max_iter=1000)
20
21    # fit model
22    MLP.fit(trX, _trY)
23
24    # show accuracy score of validation dataset
25    print(MLP.score(valX,_valY))
26
27    # show accuracy score of training dataset
28    print(MLP.score(trX,_trY))
```

15〜16行目では被説明変数trYおよびvalYを0–1の2値ベクトル_trYと_valY
に変換している．多クラス分類問題にMLPClassifierを利用する場合，推定前
にこうした変換が必要であることに注意を要する．

e. ディープニューラルネットワーク

すでに1.3.2項で述べたように，本書では隠れ層が2層以上かつ事前学習・ド
ロップアウトありのニューラルネットワークモデルをディープニューラルネット
ワーク (以下，DNN) と定義する．多層パーセプトロンと同様に，理論的な解説
については前述の嶋田ほか [36] を参照されたい．ここでは3層のDNN (隠れ層
2層のニューラルネットワークモデル) を例に，PythonのKeras [47] というパッ
ケージを用いた実装例を示す [7)．ソースコード2.5はモデルの初期値を推定す
るための事前学習 (AutoEncoder) のプログラムである．

ソースコード **2.5** Python3.5 AutoEncoder 実装例

```
1    import numpy as np
2    import pandas as pd
3
4    from keras.models import Model
5    from keras.layers import Input, Dense
6    from keras.regularizers import l2
7
```

*7) 本節の実装例ではすべて Keras 1.2.2 で動作確認を行っている．

2.2 人工知能

```
 8    def autoencoder(encoding_dim, decoding_dim, activation, X,
          nb_epoch):
 9        # set parameters
10        input_data = Input(shape=(encoding_dim,))
11
12        # set layer
13        encoded = Dense(decoding_dim, activation=activation,
             W_regularizer=l2(0.0001))(input_data)
14        decoded = Dense(encoding_dim, activation=activation,
             W_regularizer=l2(0.0001))(encoded)
15
16        # set autoencoder
17        _autoencoder = Model(input=input_data, output=decoded)
18        _encoder = Model(input=input_data, output=encoded)
19
20        # compile
21        _autoencoder.compile(loss='mse', optimizer='adam')
22
23        # fit autoencoder
24        _autoencoder.fit(X,X, nb_epoch=nb_epoch, verbose=2)
25
26        return _encoder
27
28    def main():
29        # load Data
30        df = pd.read_hdf('db2.h5', key='FY14to15', mode='r')
31
32        # set data
33        trX = [np.array(df.drop('NUM_RATING', axis=1))]
34
35        # set dimension of model
36        dim = [12, 12, 12, 21]
37
38        for i, t in enumerate(dim[:-1]):
39            _X = trX[i]
40            # fit autoencoder
41            e = autoencoder(t, dim[i+1], 'relu', _X, 5000)
42
43            # save fitted encoder
44            e.save('encoder' + str(i) + '.h5')
45
46            # generate predicted value (for next encoder)
47            trX.append(e.predict(_X))
48
49    if __name__ == '__main__':
```

100 　　　　　　　　　　　　2. FinTech のコア技術

```
50        main()
```

このプログラムを実行すると，各層のパラメータが encoder0.h5〜encoder2.h5 というファイル名で保存される．モデルの隠れ層の数を増やす場合は，36 行目の変数 dim を変更すればよい．また，各層の学習回数は 41 行目の autoencoder の最後の引数で変更することができる．ここでの分析では各層に対し，それぞれ 5,000 回の学習を行った．各層の初期値を保存した後，ソースコード 2.6 を実行し，モデルの推定を行う．

ソースコード **2.6** Python3.5 DNN 実装例

```
1    import numpy as np
2    import pandas as pd
3    import matplotlib.pyplot as plt
4
5    from sklearn.preprocessing import label_binarize
6    from keras.models import Sequential, load_model
7    from keras.layers import Dense, Activation
8    from keras.layers.core import Dropout
9    from keras.regularizers import l2
10
11   def _model():
12       model = Sequential()
13       model.add(Dense(output_dim=12, input_dim=12, W_regularizer
             =l2(0.0001)))
14       model.add(Activation('relu'))
15       model.add(Dropout(0.1))
16       model.add(Dense(output_dim=12, input_dim=12, W_regularizer
             =l2(0.0001)))
17       model.add(Activation('relu'))
18       model.add(Dropout(0.1))
19       model.add(Dense(output_dim=21, input_dim=12, W_regularizer
             =l2(0.0001)))
20       model.add(Activation('softmax'))
21       return model
22
23   def main():
24       # load Data
25       df = pd.read_hdf('db2.h5', key='FY14to15', mode='r')
26
27       # set data
28       trX, trY = np.array(df.drop('NUM_RATING', axis=1)),
             np.array(df['NUM_RATING'])
```

2.2 人 工 知 能　　101

```
29        trY = label_binarize(trY, classes= range(21))
30
31        # set model
32        model = _model()
33
34        # load autoencoder
35        encoder0 = load_model('encoder0.h5')
36        encoder1 = load_model('encoder1.h5')
37        encoder2 = load_model('encoder2.h5')
38
39        # set initial weights
40        w = model.get_weights()
41        w[0] = encoder0.get_weights()[0]
42        w[1] = encoder0.get_weights()[1]
43        w[2] = encoder1.get_weights()[0]
44        w[3] = encoder1.get_weights()[1]
45        w[4] = encoder2.get_weights()[0]
46        w[5] = encoder2.get_weights()[1]
47        model.set_weights(w)
48
49        # compile
50        model.compile(loss='categorical_crossentropy', optimizer='
              adam', metrics=['accuracy'])
51
52        # training
53        model.fit(trX, trY, nb_epoch=5000, verbose=2)
54
55        # save model
56        model.save('DNN_ae3.h5')
57
58    if __name__ == '__main__':
59        main()
```

多クラス分類のモデルのため, ソースコード 2.6 では目的関数として categorical_
crossentropy を選択している. 活性化関数として ReLU を選択し, 過学習回避の
ため, L2 正則化 ($C = 0.0001$) とドロップアウト ($p = 0.1$) を設定した (11~21 行
目). また, 学習回数は 1,000 回に設定している. プログラム終了時に DNN_ae3.h5
というファイル名で推定済みのモデルが保存される. ソースコード 2.7 は推定結
果を確認するためのプログラムである.

102　　　　　　　　　　　　　2.　FinTech のコア技術

ソースコード **2.7**　Python3.5 DNN 結果確認

```python
import pandas as pd
import numpy as np
from sklearn.preprocessing import label_binarize
from keras.models import load_model

# load Validation Dataset
df = pd.read_hdf('db2.h5', key='FY2016', mode='r')
X, Y = np.array(df.drop('NUM_RATING', axis=1)), np.array(df['
    NUM_RATING'])

# load Training Dataset
df_t = pd.read_hdf('db2.h5', key='FY14to15', mode='r')
X_t, Y_t = np.array(df_t.drop('NUM_RATING', axis=1)), np.array
    (df_t['NUM_RATING'])

# binarize Y
_Y = label_binarize(Y, classes= range(21))
_Y_t = label_binarize(Y_t, classes= range(21))

# load model
dnn_ae3=load_model('DNN_ae3.h5')

# compile
dnn_ae3.compile(loss='categorical_crossentropy', optimizer='
    adagrad', metrics=['accuracy'])

# score of test dataset
print(dnn_ae3.evaluate(X, _Y, verbose=0)[1])

# score of training dataset
print(dnn_ae3.evaluate(X_t, _Y_t, verbose=0)[1])
```

被説明変数の 0–1 ベクトル化が必要な部分は多層パーセプトロンと同様である (15～16 行目)．ソースコード 2.7 を実行すると，最終的に検証データと訓練データに対する正解率が表示される．

2.2.2　邦銀 R&I 格付推定への応用

分析にあたって，上場している邦銀 34 行の 2014～2016 年の 3 月期末の年次財務データと各時点の R&I 格付を用いる．財務データについては，田中ほか [48] や R&I 公表資料 [49] を参考に，表 2.23 の 12 個の変数を選択した．入力データ

変数	名称	計算式
$X1$	内部留保率	利益剰余金/純利益
$X2$	貸倒引当金比率	貸倒引当金/総貸付金
$X3$	ROA	純利益/総資産
$X4$	ROE	純利益/自己資本
$X5$	キャッシュの増減	当期末現金残高 − 前期末現金残高
$X6$	フリーキャッシュフロー	営業 CF + 投資 CF
$X7$	売上高支払利息比率	支払利息/売上
$X8$	負債比率	有利子負債/総資産
$X9$	純有利子負債	
$X10$	貸付金	
$X11$	自己資本比率	自己資本/総資産
$X12$	預貸率	貸出金/預金

2.23 選択された変数

$X1$〜$X12$ についてはすべて標準化 (付録 B.2.3 項を参照) を行った.

FY2014〜FY2016 の格付の分布を図 2.24 に示した. 本分析例では AAA から D までの 21 クラスの分類問題として推定を行ったが,実質的には 6 クラスの分類問題となっていることに注意が必要である.

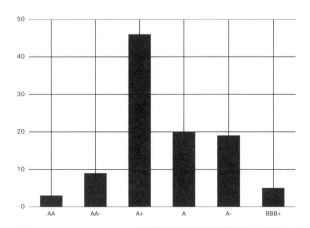

2.24 格付の分布

a. モデルの評価方法

機械学習モデルや DNN モデルの評価ではホールドアウト検証や K-分割交差検証といった方法が選択されることが多い. これらのモデルは線形回帰やロジスティック回帰などと比べると自由度の高いモデルであるため,元データ全体に対

するフィッティングがよい精度だったとしても，過学習 (over-fitting) に陥っている可能性を排除できない．

本分析例ではホールドアウト検証を評価方法として用いる．ホールドアウト検証とは，元データを適当な比率 (例えば 7:3) で分割し，擬似的に作り出した未知のデータセットに対する精度を検証する手法である．元データの分割についてはランダムに行う方法もあるが，今回は図 2.25 のように FY2014〜FY2015 のデータを訓練データとし，検証データとして FY2016 のデータを用いる[*8)]．

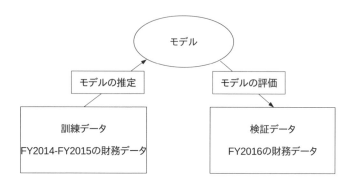

2.25 モデルの評価方法

b. ハイパーパラメータの決定

2.2.1 項で解説した各モデルを用いる場合，データセットから推定されるパラメータのほかに，外生的に与えられるパラメータ (ハイパーパラメータ) を決定する必要がある．こうしたハイパーパラメータの決定にはいくつかの方法があるが，ここでは図 2.26 に示すような K-分割交差検証によるグリッドサーチ (grid search) について解説する．

グリッドサーチの考え方は非常に単純である．例えば，rbf カーネルの SVM では前述の通り γ と C がハイパーパラメータとなる．この γ と C に対し，それぞれ適当な区間でパラメータを動かし，すべての組合せについてモデルの精度を検証する．その後，検証したすべての組合せの中から最もよい精度となる組合せを選択する．図 2.27 は γ と C をそれぞれ 10^{-5}〜10^5, 10^{-4}〜10^4 の範囲で動かし，

---

*8) この検証方法は FY2014〜FY2015 の財務データと格付情報でモデルを構築し，FY2016 の財務データから FY2016 の格付を推定することと等しい．

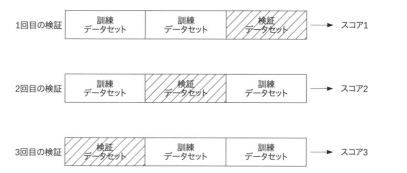

図2.26　K-分割交差検証 ($k=3$)

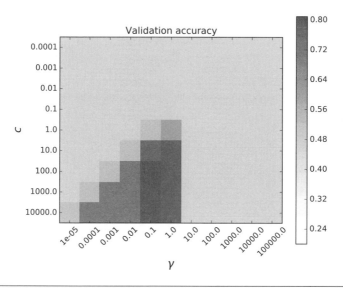

図2.27　SVMのグリッドサーチ結果

すべての組合せのスコアをプロットしたものである．最終的に $C=100$, $\gamma=0.1$ の組合せが選択されたが，この組合せの付近が高い精度となっていることが図からも確認できる．

　グリッドサーチを行う場合，各グリッドの精度をどのように評価するかが問題となる．こうした場合に用いられる代表的な手法として，K-分割交差検証が挙げられる．K-分割交差検証では，元データをランダムに k 個のデータに分割し，1

つのデータセットを検証データとし，残りを訓練データとする．その後，訓練デー
タでモデルを推定し，検証データに対する精度を求める．これを図 2.26 のように
k 回繰り返し，得られた k 個のスコアの平均値をモデルの精度として用いる．

ソースコード 2.8 は scikit-learn に実装されている **GridSearchCV** モジュール
を用いて，rbf カーネルの SVM の最適なハイパーパラメータ γ と C を決定する
プログラムである．

ソースコード **2.8** Python3.5 SVM のグリッドサーチ

```python
import pandas as pd
import numpy as np

from sklearn.svm import SVC
from sklearn.model_selection import GridSearchCV
from sklearn.externals import joblib

def main():
    # load Data
    df = pd.read_hdf('db2.h5', key='FY14to15', mode='r')

    # set data
    trX, trY = np.array(df.drop('NUM_RATING', axis=1)),
        np.array(df['NUM_RATING'])

    # define Support Vector Classifier
    svc = SVC(kernel='rbf')

    # set range of hyper parameters
    prm_gamma = np.power(10.0, np.arange(-5,6,1))
    prm_C = np.power(10.0, np.arange(-2,3,1))

    # set prarameter grid
    param_grid = [{'C':prm_C, 'kernel':prm_kernel1,'gamma':
        prm_gamma}]

    # grid search
    gs = GridSearchCV(estimator=svc, param_grid=param_grid,
        scoring='accuracy', cv=3, n_jobs=-1)

    # fit data
    gs.fit(trX, trY)

    # convert result to DataFrame
```

```
32        result = pd.DataFrame(gs.cv_results_)
33
34        # print result
35        print(result)
36        print(gs.best_score_)
37        print(gs.best_params_)
38
39        # save result
40        result.to_csv('result_svm_14-15.csv')
41
42        # save model
43        joblib.dump(gs.best_estimator_, 'svm_14-15.pkl')
44
45   if __name__ == '__main__':
46        main()
```

本項の分析ではロジスティック回帰, 決定木, SVM, 多層パーセプトロンの各モデルに対し, 表 2.28 に示したパラメータに対してグリッドサーチを行うことで, 最適なハイパーパラメータを決定した.

モデル	パラメータ
ロジスティック回帰	正則化 (L1 or L2), C
決定木	最大の深さ, 不純度 (エントロピー or ジニ)
SVM	C, γ
多層パーセプトロン	活性化関数, 隠れ層次元

2.28 グリッドサーチを行うパラメータ

c. 推 定 結 果

個別の推定結果を表 2.29 に, 各モデルのスコアを表 2.30 に示した. 検証データに対する正解率で比較した場合, SVM, 多層パーセプトロン, 4~5 層の DNN が同率で最もよいスコアとなった. 1 回のみの検証結果ではあるが, アウトオブサンプルのデータに対して DNN や SVM, 多層パーセプトロンはロジスティック回帰よりもよい精度となることが示された [9].

一方で, 表 2.31 に示した FY2015 から FY2016 の期間に格付が変化した銀行の推定結果を見ると, ほとんどの場合で正解できていないことがわかる. 本分析例

---

[9] こうした分析を行う場合, 単に正解率などのスコアを比較するだけではなく, 表 2.29 のように実際の推定結果を確認することが重要である.

名称	ACT	LR	DT	SVM	MLP	DNN3	DNN4	DNN5
三井住友	A+	A+	A	A+	A+	A+	A+	A+
りそな	A	A	A	A	A	A	A	A
池田	A	A	A	A	A	A	A	A
埼玉りそな	A	A	A	A	A	A	A	A
みずほ	A+	A	A+	A+	A+	A+	A+	A+
三菱 UFJ 信託	A+	A	A+	A+	A+	A+	A+	A+
三井住友信託	A	A	A	A	A	A	A	A
千葉	AA−	AA−	AA−	AA−	AA−	A+	AA−	AA−
新生	BBB+	AA−	BBB+	BBB+	BBB+	BBB+	BBB+	BBB+
三菱東京 UFJ	A+	A	A+	A+	A+	A+	A+	A+
イオン	A−	A	A	A−	A−	A−	A−	A−
あおぞら	A−	A−	A−	BBB+	A+	BBB+	BBB+	BBB+
福岡	A+	A+	A+	A+	A+	A+	A+	A+
伊予	AA−	AA−	A+	AA−	AA−	AA−	AA−	AA−
八十二	A+	A+	A+	A+	A+	A+	A+	A+
百五	A	A+	A+	A+	A+	A+	A+	A+
西日本	A+	A+	A+	A+	A+	A+	A+	A+
群馬	A+	A+	A+	A+	A+	A+	A+	A+
広島	A+	A−	A	A+	A+	A+	A+	A+
岩手	A	A	A	A	A	A	A	A
阿波	A+	A+	AA	A+	A+	A+	A+	A+
七十七	A+	A+	A+	A+	A+	A+	A+	A+
栃木	A−	A−	A−	A−	A−	A−	A−	A−
中国	A+	AA−	A+	AA−	AA−	AA−	A+	AA−
南都	A−	A	A	A−	A−	A−	A−	A−
山陰合同	A+	A+	A+	A+	A+	A+	A+	A+
滋賀	A+	A+	A+	A+	A+	A+	A+	A+
北陽	A−	A−	A−	A	A	A	A−	A−
佐賀	BBB+	A+	A−	A−	A−	A−	A−	A−
静岡	AA	AA	AA−	AA	AA	AA	AA−	AA
紀陽	A−	A−	AA−	A−	A−	A−	A−	A−
北陸	A	A	A	A	A	A	A−	A−
山梨中央	A	A+	A+	A+	A+	A+	A+	A+
北國	A+	A+	A+	A+	A+	A+	A+	A+

2.29 推定結果

モデル	正解率 (検証データ)	正解率 (訓練データ)	ハイパーパラメータ
ロジスティック回帰	67.65%	86.77%	L2 正則化, $C = 100$
決定木	67.65%	95.59%	最大の深さ $= 12$, エントロピー
SVM	82.35%	95.59%	$C = 100$, $\gamma = 0.1$, rbf カーネル
多層パーセプトロン	82.35%	92.65%	活性化：ReLU, 隠れ層次元：8
DNN(3 層)	79.41%	92.65%	活性化：ReLU, 隠れ層次元：12
DNN(4 層)	82.35%	89.71%	活性化：ReLU, 隠れ層次元：12
DNN(5 層)	82.35%	88.24%	活性化：ReLU, 隠れ層次元：12

2.30 各モデルの精度

名称	FY2016	FY2015	LR	DT	SVM	MLP	DNN3	DNN4	DNN5
百五	A	A+	A+	A+	A+	A+	A+	A+	A+
中国	A+	AA−	AA−	A+	AA−	AA−	AA−	A+	AA−
滋賀	A+	A−	A+	A+	A+	A+	A+	A+	A+
山梨中央	A	A+	A+	A+	A+	A+	A+	A+	A+

2.31 FY2015〜FY2016 で格付が変化した銀行の推定結果

では同じ会社の違う年のデータを訓練・検証それぞれに用いており，実質的には
ほぼインサンプルの推定を行っていることと等しい．そのため，検証データ全体
に対する正解率は高めに出ているものの，表 2.31 に示したような厳密な意味での
アウトオブサンプルのデータに対してはそれほど高い精度とはなっていない [10]．
この要因として，本分析の問題設計では過学習が回避できていない点，分析用の
データが少ない点が挙げられる．実務においてこうした分析を行う際は，元デー
タの数や内容から，そもそもの問題設計に注意する必要がある．

2.3 ブロックチェーンを支える技術

この節では，ブロックチェーンを支える，暗号技術，ハッシュ関数，PoW につ
いて説明する．

---

[10] 田中ほか [48] では 75 社の財務データを用い，$k = 5$ の K-分割交差検証を行うことでモデルの
精度を検証している．本分析はホールドアウト検証を用いたが，アウトオブサンプルのデータに対
する精度の検証という観点では，こうした方法を用いるほうが望ましいと思われる．

2.3.1 暗 号 技 術

　暗号技術の説明内容は表 2.32 の通りである．暗号には情報理論的に見て安全な暗号 (アルゴリズム論タイプ) と計算量的に安全性を保証する暗号 (計算量理論タイプ) がある．本項では，暗号の例，暗号のモデル化，情報量の定義とエントロピー (平均情報量) を示した上で，情報理論的に安全な暗号と計算量的に安全を保証する暗号について述べる．ビットコインではデジタル署名を実現する公開鍵暗号の 1 つ，楕円曲線暗号 (計算量的に安全を保証する暗号) が利用されている．

---

a. 暗号
b. 暗号のモデル化
c. 情報量，エントロピー
d. 情報理論的に見て安全な暗号
e. 計算量的に安全を保証する暗号
　秘密鍵暗号
　公開鍵暗号
　RSA 暗号
　楕円曲線暗号　　　　　　　　　　　　　← ビットコインで使われている

2.32 暗号の説明内容

　ビットコインに直結する箇所としては，計算量的に安全を保証する暗号についての説明部分がそれにあたるが，経済産業省 [50] にもあるように，ブロックチェーンの情報理論的側面の議論が課題の 1 つとして挙げられている．また近年，量子コンピュータの利用が可能となりはじめ，計算量の大幅な進歩がみられるため，計算量的に安全性を保証する暗号だけでなく，より情報理論的に強固で安全な暗号通貨の開発が期待される．よって情報量の定義とエントロピー，情報理論的に安全な暗号の説明も記載しておく．

a. 暗　　　号

　暗号は，第 2 次世界大戦のドイツ軍のエニグマ暗号機など戦争にかかわるものから今日のインターネットでの通信など幅広く利用されており，子供向けの娯楽本 The Code Busters Club シリーズ (日本語版：暗号クラブシリーズ) では暗号を中心に物語の謎解きが展開されているが [51]，一般に暗号の役割は，情報の秘匿と認証にある．つまり暗号は不正な第三者による盗聴，改ざん，なりすまし，あるいは否認 (受信したにもかかわらず受信していないと主張する) を防止する

ために利用される．本項は平澤 [52] のエッセンスをまとめたものであるので，興味をもたれた方は是非平澤 [52] を参照していただきたい．また結城 [53] も参考とした．なお暗号を説明する上で，本項の記号の扱い方がほかとは異なる部分があることをご理解いただけると幸いである．

例えば，"blockchain" という文字列があったとして，これを太郎がアルファベット順に 2 文字進めるという暗号化 (b → d, l → n と置換する) を行って暗号文 "dnqemejckp" を花子に送るとする (図 2.33)．第三者から見れば不明な文字列であるが，暗号化について事前に太郎と打合せしていた花子は，暗号文を d → b, n → l というように 2 文字戻す復号を行って，"blockchain" という元の文字列を得る．

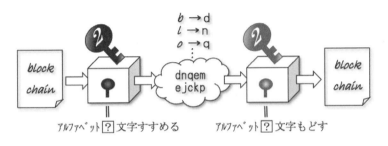

2.33 暗号の例

この中で，"blockchain" を平文（ひらぶん）といい，アルファベットを k 文字進めて置換するという方法が暗号化，k 文字戻すという方法が復号，$k = 2$ が鍵，となる．アルファベットは 26 個あるので，この暗号化に対して鍵の数 (鍵空間の大きさ) は 25 個である．この例で紹介した暗号は，シーザー暗号という有名な暗号の 1 つである．注目したいのは，暗号化の方法自体は公開されているものであり，文字をいくつ進めて置換するかという鍵を秘密にすることで第三者に知られないようにしている点である．このようにすれば鍵を変えるだけで同じ暗号化の方法を何回も使うことができる．ただし今回の例では鍵の数は 25 個であり仮に第三者がシーザー暗号で暗号化していることに気づいた場合には，25 回文字をずらせば，いずれ "blockchain" という文を発見し暗号解読に成功してしまう (総当たり攻撃という)．

文字をずらして暗号化することをやめ，別の暗号化として，例えばアルファベットaには26文字のうちのどれか1文字，アルファベットbにはそれ以外の25文字というように，換字表を使って暗号化する場合には，鍵の数は

$$26 * 25 * \cdots * 2 * 1 = 403{,}291{,}461{,}126{,}605{,}635{,}584{,}000{,}000$$

となり，仮に1秒間に100億回計算できるコンピュータでも総当たり攻撃をするのに12億年以上かかる．暗号の安全性において，鍵の数の大きさは1つのポイントである（ただし換字表を使った暗号でも，頻度分析によって解読されることがわかっている）．

b. 暗号のモデル化

暗号を数理モデルとして表現すると，図2.34の通りとなる．平文 m を送信者が送ると，暗号器は暗号化鍵 K_E を使い平文 m を暗号化し，暗号 c として通信路に送る（先ほどの例では太郎が暗号化したが，実際には暗号器が暗号化を行う）．復号器は暗号 c を入力として復号鍵 K_D により復号し，平文 m が受信者に届く．

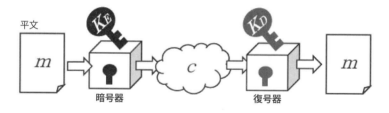

2.34 暗号のモデル

以上を式で表すと次のようになる．まず，平文 m を入力値として暗号化鍵 K_E を使った暗号化を行い，暗号文 c が出力される．

$$暗号化: c = C_{K_E}(m)$$

暗号文 c を入力値として復号鍵 K_D を使った復号を行い，平文 m が出力される．

$$復号: m = D_{K_D}(c)$$

ここで平文 m の暗号 c を復号すると m となることが成立しなければならない．

$$m = D_{K_D}(C_{K_E}(m))$$

次に，情報理論的に見て安全な暗号について述べる前に，情報理論における情報量とエントロピーについて説明する．

c. 情報量，エントロピー

情報理論は 1948 年の Shannon [54] によって誕生したとされている．Shannon はまず次のように自己情報量を定義した．

> ### 自己情報量
>
> ある事象 x の生起確率を $Pr(x)$ としたとき，事象 x のもつ情報量，自己情報量 $I(x)$ は，
> $$I(x) = -\log_2 Pr(x) \qquad [\text{ビット}] \qquad (2.19)$$
> で与えられる．

Shannon は，よく起こる平凡な事象は情報量が小さく，出現する確率が低い事象，あいまいな事象，予測のつきづらい事象ほど大きな情報量をもっているとした．また，情報の中身を「情報が存在するのは，受け手側が知らず予測もできないことについて送り手側が述べるときだけであり，真の情報は予測できないとなれば，それは基本的に，ルーレット盤の回転やサイコロの転がり方と同じく，無作為の事象の列である」と解釈した [55]．Shannon 以前の人々はあるメッセージの中の"意味"を中身としていかに抽出するかを考えていたが，Shannon は，「メッセージの意味はどうでもよく，メッセージの大事なところは，そのメッセージの中のありえそうにない部分である」[55] ととらえ，情報の中身ではなく，あくまでも情報の生起確率に着目し，情報量を定めた．

例えば明日関東で地震が発生しない，という事象 A と，明日関東で震度 7 の地震が発生する，という事象 B があった場合，どちらが大きな情報量をもっているか．事象 B が甚大な被害が起こるから大きな情報量をもっているのではなく，事象 A より事象 B が起こる確率のほうが低く，事象 B を知りえたほうがより正確な知識に修正することができるので事象 B のほうが大きな情報量をもっている，ということになる．

地震が発生しない確率を 99%，震度 7 の地震が発生する確率を 0.00001%，震度 6 の…とした場合，地震が発生しない事象と震度 7 の地震が発生する事象それぞれの情報量は，

$$I(\text{地震が発生しない}) = -\log_2\left(\frac{99}{100}\right) \simeq 0.014 \quad [\text{ビット}]$$

$$I(\text{震度 7 の地震が発生する}) = -\log_2\left(\frac{1}{100000}\right) \simeq 16.610 \quad [\text{ビット}]$$

と，震度 7 の地震の情報量のほうが大きい．

また，1 つのサイコロを振って 1 の目が出たときの情報量は，その生起確率が 1/6 であることから，

$$I(\text{サイコロの目が 1}) = -\log_2\left(\frac{1}{6}\right) \simeq 2.58 \quad [\text{ビット}] \qquad (2.20)$$

となる．

(2.20) 式は [ビット] を単位として 2 を底として表しているが[*11]，10 を底として [デジット] に換算することができ，

$$-\log_2 Pr(x) = -\frac{\log_{10} Pr(x)}{\log_{10} 2} - 3.32193 \log_{10} Pr(x) \quad [\text{デジット}]$$

となる．

次にエントロピーを示す．先の例では，サイコロの 1 の目が出たときに着目したが，次に 1 の目が出る，2 の目が出る，…，6 の目が出る，という事象の集合 (事象系) に着目してみる．これらの事象の出現確率はそれぞれ 1/6 であり，サイコロを振る事象系を以下のように示すと (上段が事象，下段がその出現確率)，

$$\text{サイコロを振る} = \left\{ \begin{array}{cccc} \text{1 の目が出る} & \text{2 の目が出る} & \cdots & \text{6 の目が出る} \\ \frac{1}{6} & \frac{1}{6} & \cdots & \frac{1}{6} \end{array} \right.$$

この事象系の情報量は，

$$-(p_1 \log_2 p_1 + p_2 \log_2 p_2 + \cdots + p_6 \log_2 p_6)$$
$$= -\left(\frac{1}{6} \log_2 \frac{1}{6} + \frac{1}{6} \log_2 \frac{1}{6} + \cdots + \frac{1}{6} \log_2 \frac{1}{6}\right) \simeq 2.58$$

となる．

これを記号で表す．事象の集合 $x_1, x_2, ..., x_M$ とその出現確率 $p_i = Pr(x_i)$ $(i = 1, 2, ..., M)$ となる有限事象系を，

$$X = \left\{ \begin{array}{cccc} x_1 & x_2 & \cdots & x_M \\ p_1 & p_2 & \cdots & p_M \end{array} \right.$$

[*11] 本節では特にことわらないかぎり対数の底に 2 を用いる．

とし，この事象系 X に対して定められる以下の量を事象系 X に対するエントロピー (平均情報量) という．

エントロピー (平均情報量)

$$H(X) = -\sum_{i=1}^{M} p_i \log p_i$$

自己情報量 $I(x)$ は特定の事象 x がもつ情報量であり，エントロピー $H(X)$ は事象系がもつ情報量である．エントロピーは事象系 X がもっているあいまいさ，予測のつけにくさを測る尺度である．

次に 2 つの事象系を見ていく．図 2.35 に示すように，X と同様の事象系 Y がある場合，結合系事象 XY に対するエントロピーを結合エントロピー $H(XY)$ といい，$H(XY) = H(YX)$ である．

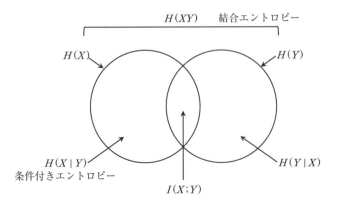

2.35 結合系事象に対するエントロピー

また y を観測した上での x の確率，つまり条件付き確率を $Pr(x|y), x \in X, y \in Y$ と表す場合，$H(X|Y)$ は条件付き情報量といい，事象系 Y を観測してもなお残る事象系 X のあいまいさを表している．$H(XY)$ の $\log Pr(x,y)$ を $\log Pr(y)$ と $\log Pr(x|y)$ に分解すると，

$$H(XY) = H(Y) + H(X|Y) = H(X) + H(Y|X) \tag{2.21}$$

である.

図 2.35 中の $I(X;Y)$ は相互情報量といい,X と Y が完全に独立な場合 (図 2.36) は 0 で $H(XY) = H(X) + H(Y)$ である.

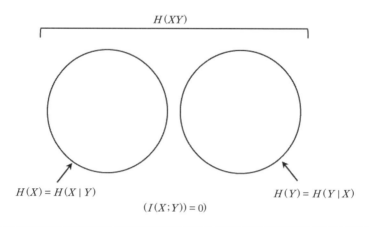

2.36 X と Y が完全に独立な場合

先述の通り,暗号には情報理論的に見て安全な暗号 (アルゴリズム論タイプ) と計算量的に安全性を保証する暗号 (計算量理論タイプ) がある.前者ではバーナム暗号などがあるが,鍵は使い捨て方式で利用され,鍵の数が大きいほど,平文の冗長性が小さいほど,暗号文の長さが短いほど解読されにくく安全な暗号となる (平澤 [52]).後者は,暗号化のアルゴリズムが公開されており,秘密鍵暗号系と公開鍵暗号系がある.

> *Coffee Break*──情報理論の父,Shannon
> C. E. Shannon (1916–2001 年) は情報理論の考案者であるが,ケリーの公式の考案者 J. L. Kerry と,MIT の数学講師で後にヘッジファンドを大成功させた E. O. Thorp とともに,ケリーの公式をもとにカジノのブラックジャックで大金を稼いだ [55].

d. 情報理論的に見て安全な暗号

情報理論的に見て安全な暗号について,鍵,平文,暗号文のエントロピーから,暗号文を解読されないためには鍵のあいまいさが十分大きくなければならないこ

2.3 ブロックチェーンを支える技術　　117

と，平文のもつ冗長性が小さくなければならないことを示す．ちなみにビットコインの秘密鍵のとりうる空間の大きさは，2^{256} であり，10 進数で表すと約 10^{77} になる．観測可能な宇宙には 10^{88} 個の原子があると見積もられていることからも，まさに天文学的に大きい数字であるとわかる [53].

先に説明した暗号のモデルを使って，暗号化と復号の鍵が共通である鍵 K $(= K_E = K_D)$ を仮定する．鍵の集合 κ を $K \in \kappa = \{K_1, K_2, ..., K_{\|\kappa\|}\}$ とし，同様に長さ L の平文 m の集合を M^L，長さ L の暗号文 c の集合を λ^L とする．暗号文 c を知ったとき，鍵 K_i をもっている受信者は暗号文 c から平文 m を復号できる．

$$復号 : m = D_{K_i}(c)$$

つまり，K がわかった上での λ^L のエントロピーは，平文のエントロピーに等しく，

$$H(\lambda^L|\kappa) = H(M^L) \tag{2.22}$$

となる．第三者 (盗聴者) は暗号文 $c \in \lambda^L$ を知ることができる．

鍵，平文，暗号文それぞれのエントロピー $H(\kappa), H(M^L), H(\lambda^L)$ は

$$H(\kappa) = -\sum_{i=1}^{\|\kappa\|} Pr(K_i) \log Pr(K_i)$$

$$H(M^L) = -\sum_{m \in M^L} Pr(m) \log Pr(m)$$

$$H(\lambda^L) = -\sum_{c \in \lambda^L} Pr(c) \log Pr(c)$$

である．

一方で，c を知ったときの鍵 $K_i \in \kappa$ のもつエントロピー $H(\kappa|\lambda^L)$ は (2.21) 式を利用して，

$$H(\kappa|\lambda^L) + H(\lambda^L) = H(\lambda^L|\kappa) + H(\kappa) \tag{2.23}$$

を満たす．(2.22) 式を (2.23) 式に代入し，$H(\lambda^L)$ を移項して

$$H(\kappa|\lambda^L) = H(M^L) + H(\kappa) - H(\lambda^L) \tag{2.24}$$

が得られる．(2.24) 式は鍵のあいまいさを表しており，これが十分大きいことが盗聴者に解読されないために必要である．そのためには $H(\kappa)$ が大きいほど，すなわち鍵が等確率で用いられるとすれば鍵の数 $\|\kappa\|$ が大きいほど安全ということを示している．

また $H(M^L)$ は長さ L の平文のもつ情報量であり，長さ L の平文のもつ冗長度を $R(M^L)$ とすると，

$$R(M^L) = L \log \|M\| - H(M^L)$$

となる．ここで，$\|M\|$ は平文のアルファベットの大きさである．

完全にランダムに暗号文 c が得られるとき，$H(\lambda^L)$ は最大の情報量をもち，$H(\lambda^L) = L \log \|\lambda\|$ となる．$\|\lambda\|$ は暗号文のアルファベットの大きさであり，$\|\lambda\| = \|M\|$ とし，$H(\lambda^L) = L \log \|M\|$ と先の冗長度の式を (2.24) 式に代入すると，

$$H(\kappa|\lambda^L) = H(\kappa) - R(M^L)$$

が成り立ち，平文のもつ冗長性が小さくなければならないことを示している．

暗号文の長さ L が大きくても鍵のエントロピー $H(\kappa)$ が $H(\kappa) > LR(M)$ を満足するとき，理論的に安全な暗号系といわれている [52]．

平文 m と暗号文 c の相互情報量 $I(M^L; \lambda^L)$ は

$$I(M^L; \lambda^L) = H(M^L) - H(M^L|\lambda^L) = H(\lambda^L) - H(\lambda^L|M^L)$$

となり，$H(M^L|\lambda^L) = H(M^L)$ のとき両者は独立となり，完全に安全な暗号系となる．長さ L の平文 m に対し，長さ L の乱数列を加えて暗号文 c をつくるバーナム暗号は，平文 m と暗号 c が独立になっている．

e. 計算量的に安全性を保証する暗号

計算量的に安全性を保証する暗号には，秘密鍵暗号 (慣用暗号，対称暗号，共通鍵暗号) 系と公開鍵暗号系がある．

秘密鍵暗号は，送信者と受信者があらかじめ鍵を共有し，暗号化や認証を行う方式である．特定のルールに沿って文字列を入れ替えたり別の記号に置き換えたりして暗号を作成する．1977 年に NBS (米国国立標準局) により標準暗号として制定されたデータ暗号化基準 (Data Encryption Standard, DES) が有名である．

秘密鍵暗号の特徴として，アルゴリズムが簡単で，高速処理が可能な点が挙げられ，暗号強度を保持するためには鍵の管理が重要である．また N 人で相互にやりとりするために必要な鍵の数は，$_NC_2$，つまり $N(N-1)/2$ と多くなってしまう．さらに，鍵を送信者と受信者でいかに共有するかという鍵配送問題がある．

公開鍵暗号は，鍵の一部を公開する，という方法である．暗号化鍵 K_E と復号鍵 K_D のペアを一方向性関数という不可逆な特徴をもつ関数から作り出す．暗号

化鍵は一般に公開し (公開鍵), 復号鍵は秘密鍵として保管する. 送信者は公開された暗号化鍵を使って平文を暗号化する. 受信者は自分だけが所有する復号鍵を使って復号するという方式である. 暗号化鍵 K_E と復号鍵 K_D は一方向性関数によってペアとなっているため, 公開された暗号化鍵 K_E から復号鍵を知ろうとすることは, 素因数分解問題や離散対数問題など数論の難問を解く難しさに対応しているので, 計算量的に安全な暗号とされている. 公開鍵暗号は計算量が大きいが, 管理しなければならない鍵の数は少なく済む.

以下に, 公開鍵暗号の1つである RSA 暗号 (R. L. Rivest, A. Shamir, L. M. Adleman の3人の開発者の名の頭文字をとった) とその作成例を示す.

RSA 暗号

★ 準備…鍵ペアの作成

1) 2つの大きな素数 p と q を選び, p と q から $n = p * q$ を求める.

2) オイラー関数 $\phi(n) = (p-1)(q-1)$ を計算し, ϕ と互いに素 (最小公倍数が1) となる d を求め, $ed = 1 (\bmod \ \phi(n))$ となる e を求める.

3) ここで以下の K_E を公開し, K_D を秘密にしておく.

$$K_E \ (暗号化鍵) : (e, n)$$
$$K_D \ (復号鍵) : (d, n)$$

★ 暗号化と復号

1) 送信者 A はメッセージ (平文) m を $0 \le m \le n-1$ の整数で表現し, 受信者 B の公開鍵 K_E を用いて暗号文 c を以下のようにする.

$$暗号化 : c = m^e \ (\bmod \ n)$$

2) 受信者 B は自分のみが知っている秘密鍵 K_D を用いて,

$$復号 : m = c^d \ (\bmod \ n)$$

を計算し, 平文 m を得る.

★ 準備

1) $p = 7, q = 5$ とする. $n = 35$.

2) $\phi(n) = 6 * 4 = 24$. $GCD(d, 24) = 1$ となる $d = 7$ とする. $7e =$

$1 \pmod{24}$ を解いて，$e = 31$. （GCD：最大公約数）

3) $K_E = (31, 35), K_D = (7, 35)$ とする．K_E は公開し，K_D は自分だけがもっておく．

★ 暗号化と復号

1) 暗号化 $0 \leq m \leq n - 1 = 34$ となる $m = 8$ とする．
$$c = m^e = 8^{31} = 8^{4^2} * 8^4 * 8^4 * 8^4 * 8^3 = 22 \pmod{35}$$

2) 復号：$m = c^d = 22^7 = 8^2 * 22 = 8 \pmod{35}$ となり，平文が復元される（$8^4 = 1 \pmod{35}$, $22^3 = 8 \pmod{35}$ を用いた）．

また，公開鍵暗号は情報の秘匿化だけでなく，デジタル署名による情報の認証に用いることもできる．情報の秘匿化では K_E で暗号化し K_D で復号したが，デジタル署名では秘密鍵 K_D によって自分の署名を暗号化し公開鍵 K_E によって復号する．K_D と K_E がペアである公開鍵暗号の特徴を利用し，K_E で署名を復号できたということは，そのペアである K_D をもっている，ということから本人確認，デジタル署名の認証が行われる．

ビットコインでは，デジタル署名に楕円曲線暗号が利用されている．ここでは Python を使って，ビットコインと楕円曲線暗号について記述のあるサイト [56] で紹介されている，楕円曲線暗号の公開鍵を作成する例をソースコード 2.9 に示す．なお楕円曲線のパラメータは，NIST (米国国立標準技術研究所) が推奨する SECP256k1 が利用されている．例えば，単語 "IRMD" から得られる公開鍵は図 2.37 の通りである．

ソースコード **2.9** Python2.7 楕円曲線暗号の例 [56]

```
1   # SECP256k1 curve a and p value
2   cA = 0
3   cP = 2**256 - 2**32 - 2**9 - 2**8 - 2**7 - 2**6 - 2**4 - 1
4
5   def inv_mod(a, p = cP):
6       lim, him = 1, 0
7       low, high = a % p, p
8       while low > 1:
9           ratio = high / low
10          nm = him - lim * ratio
11          new = high - low * ratio
12          him = lim
13          high = low
```

2.3 ブロックチェーンを支える技術 121

```python
14          lim = nm
15          low = new
16      return lim % p

18  def EC_add(P, Q, Pcur = cP):
19      Lamda = ((Q[1] - P[1]) * inv_mod(Q[0] - P[0])) % Pcur
20      x = ((Lamda ** 2) - P[0] - Q[0]) % Pcur
21      y = (Lamda * (P[0] - x) - P[1]) % Pcur
22      return (x, y)

24  def EC_double(P, Acur = cA, Pcur = cP):
25      Lamda = ((3 * (P[0] ** 2) + Acur) * inv_mod(2 * P[1])) %
            Pcur
26      x = (Lamda ** 2 - 2 * P[0]) % Pcur
27      y = (Lamda * (P[0] - x) - P[1]) % Pcur
28      return (x, y)
29  cN =
        0xFFFFFFFFFFFFFFFFFFFFFFFFFFFFFFFEBAAEDCE6AF48A03BBFD25E8CD
            0364141
30  cB = 7

32  Gx =
        55066263022277343669578718895168534326250603453777594175500
            187360389116729240
33  Gy =
        32670510020758816978083085130507043184471273380659243275938
            904335757337482424
34  Gpt = (Gx, Gy)

36  def EC_mult(Scalar, Point = Gpt):
37      if Scalar == 0 or Scalar >= cN:
38          raise Exception("Invalid Scalar/Private Key")
39      ScalarB = str(bin(Scalar))[2:]
40      Q = Point
41      for i in range (1, len(ScalarB)):
42          Q = EC_double(Q)
43          if ScalarB[i] == "1":
44              Q = EC_add(Q, Point)
45      return (Q)
```

ビットコインのトランザクションでは，楕円曲線暗号のデジタル署名によって，取引相手の本人確認ができる．鳥居・横山によれば，楕円曲線暗号の安全性は楕円曲線上の離散対数問題を拠り所にしており，その解法には一般的離散対数問題の解

2.37 単語 "IRMD" から得られた公開鍵の例

法である平方根法と，曲線の位数を素因数分解することで小さな離散対数問題に帰着させる PHS 法 (Pohlig–Hellman–Silverman 法) を利用した解法がある [57].

これらはいずれも攻撃に必要な計算時間を指数時間とすることにより非常に高い安全性を確保できるようになる．平方根法はその計算に，そもそも鍵のビット長の半分のべき乗に比例する指数時間が必要である．PHS 法は曲線の位数によりその解きやすさが大きく異なる．小さい素因子のみに分解できるときは，効率的に解くことができる「離散対数問題」になってしまうため，安全でない．しかし位数を素数かほぼ素数 (素因数に大きな素数が含まれる) にすれば，平方根法と同様に計算時間は指数時間となり，安全である [57].

ECC challenge という楕円曲線暗号を実際に攻撃する取組みがカナダの Certicom により行われており，2002 年に 109 ビットの楕円曲線離散対数問題が解読された．このときは約 10,000 台の計算機を用い，549 日をかけて解読した．ECC challenge 以外でも，2009 年に 112 ビットの楕円曲線離散対数問題が 200 台の PlayStation 3 を用いて半年かけて解読されている．楕円曲線暗号として使われている 224 ビットや 256 ビットの楕円曲線離散対数問題の解読は，109 ビットや 112 ビットに比べてはるかに困難であるため，楕円曲線暗号の安全性が担保されている．

2.3.2 ハッシュ関数

ハッシュ関数は一方向性関数で，入力値 (入力データ) から出力値 (ハッシュ値) は簡単に求まるが，ハッシュ値からは入力値は容易に求まらないのが特徴である．ハッシュ値はフィンガープリント，デジタル指紋とも呼ばれていて，データの正

真性を確認することに利用される．どんな入力値でも固定のビット長が出力される．同じ入力値ならば必ず同じ計算結果が出力されるが，入力値が1つでも違えばまったく異なるハッシュ値を出力する．

Pythonで "a-channocchikashiyuka" という単語の末尾につける数字 (0〜19) を変えた文字列を入力値として，ビットコインで使われているハッシュ関数SHA-256 (256ビット，32バイトのハッシュ値) によりハッシュ化を行う．例えば末尾が0と1の場合のハッシュ値は，それぞれ

```
a99906b4ba51a63750fd4cdf1f414e6a2c69949989ed37d74e19df7ffa51e385
```
(末尾 0)
```
ee64511e2f552f58e44a0bcd88c240e2f2a480ce7497cbb1034a3aa852b6c79e
```
(末尾 1)

となり，1文字異なるだけでまったく異なるハッシュ値が出力されていることがわかる．

ハッシュ関数は大きな集合から小さな集合への写像であり，入力の集合と出力の集合を比べると出力の集合のほうが小さい，多対1の写像である．2つの入力が同一の出力へ写像される場合を衝突というが，衝突がなるべく起きない (衝突耐性をもつ) ようなハッシュ関数が理想である．ハッシュ関数の具体例としては，NISTでつくられた，160ビットのハッシュ値をもつSHA-1 (Secure Hash Alogrithm, 160ビットのハッシュ値) のほか，前の例で用いたSHA-256 (256ビットのハッシュ値)，SHA-384 (384ビットのハッシュ値)，SHA-512 (512ビットのハッシュ値) が公開されている．SHA-1は2005年に同じハッシュ値をもつ2つの入力値を作り出す攻撃が可能になり，衝突耐性が破られた現在は特定の目的以外では推奨できないものとなっている．SHA-256の衝突耐性は，いまだに破られていない．

NISTは，SHA-256を2030年以降も利用できるとしているが，科学技術の進歩によってはSHA-256も破られる日が来る可能性はある．ビットコインではSHA-256とRIPEMD-160が使われており，ビットコインの盗難や過去のトランザクションの改ざんが行われてしまうことも将来あるかもしれない．ハッシュ関数では2012年にSHA-3がコンテスト形式で新たに選定され，2015年に連邦情報処理標準規格となった．しかし，アルゴリズムの変更が困難であるビットコインにSHA-3など新しい技術が即座に利用できないおそれもある．ビットコインのアルゴリズムの変更の際には，3.2節で登場するイーサリアムのDAO事件であった

124   2. FinTech のコア技術

ハードフォークのようなことが発生するかもしれない.

2.3.3 PoW

PoW (Proof of Work) は, 作業も確認も単純だが達成が困難な仕事を行い, その仕事の成果を他者が確認する仕組みである. 達成を難しくするほどデータ改ざん耐性も高くなる. ビットコインではマイナーは閾値 (ターゲット) よりも小さいハッシュ値が出力できるまで, ノンスを変更して計算を繰り返す. 例えばサイコロで 5 以下を出すよりも 2 以下を出すほうが確率的に難しいように, ターゲットを小さくすることで, ターゲット以下のハッシュ値が出現する確率を小さくし, 不正なブロックなどが入り込まないようにしている.

マイナーはターゲットより小さいハッシュ値を発見できたら, ブロックを隣接のピアに送信する. それぞれのピアはブロックを受け取ったらそれを独自に検証し, 正しかったら自身のブロックチェーンのコピーに追加すると同時に, 隣接のピアに伝播させる.

サイコロを何回も振るように, より多くの計算を実行すればターゲット以下のハッシュ値を早く見つけられる確率が高まるため, マイナー同士が計算能力をプールし, マイニングに成功すると提供した能力に応じた割合の報酬を分配する仕組み (マイニングプール) がある. 計算には相当の電気代がかかる中, 中国などで盛んにマイニングされている.

前項のハッシュ化の例では 1 文字異なるだけでまったく異なるハッシュ値が出力されたが, 図 2.38 はソースコード 2.10 のように "a-channocchikashiyuka" という単語にノンスを 0〜19 まで変えて計算した場合のマイニングの結果である. 例えばターゲットが 0 からはじまるハッシュ値だった場合, ノンスを 0, 1, 2 と変えていき, 19 で計算した時点ではじめて 0 からはじまるハッシュ値が得られており, ここでマイニングに成功したことになる. この例では 20 回目の試行で成功したが, 実際のターゲットは例よりも小さい値にすることで, 容易には達成できないように設定されている.

ソースコード **2.10** Python2.7 ハッシュ化の例

```
1  # hash nonce
2  import hashlib
3
```

```
 4    text = "a-channocchikashiyuka"
 5
 6    # nonce from 0 to 19
 7    for nonce in xrange(20):
 8        # add nonce to the end
 9        inputvalue = text + str(nonce)
10        #calc sha256 hash of inputvalue
11        hash = hashlib.sha256(inputvalue).hexdigest()
12        print inputvalue, '=>', hash
```

2.38 マイニングの例

　ビットコインでは約10分に1度マイニングが成功するようターゲットが設定されている．1ブロック約1MBのトランザクションを格納できるようになっており取引にもよるが，毎秒7トランザクション程度承認されていることになる．マイニングの報酬が12.5BTCで約160万円（2017年4月現在）であることから，1トランザクションあたり数百円から1,000円程度もらうことになる．これに対し，マイニングに要した電力などがコストであり，マイニングの報酬からコストを引いた分がマイナーの利益となる．

　PoWは計算コストが莫大にかかることなどをふまえ，Proof of Stakeなどほかの方法が検討されているブロックチェーンもある．

3

FinTech の影の面

　FinTech イノベーションはよいことばかりではない．消費者は個人情報の漏洩や不正アクセスのリスクにさらされているが，そういったアプリケーション上の問題以前に，インターネット回線の速度が遅くなり，最悪の場合中断してしまうことで，必要なときにサービスの利用や取引ができないリスクがあることを認識していなければならない．また消耗品といわれるパソコンのハードディスクが破損して，ブロックチェーンを使用する際に必要な秘密鍵などを喪失してしまうリスクがある．FinTech 企業も標的型攻撃あるいは DoS 攻撃やウェブサイト乗っ取りのリスクにさらされているが，ほかにも自社のサービスがマネーロンダリングに使用されるリスクや，AI が誤作動を起こし，自社あるいは消費者に損害を与えてしまうリスクもあるだろう (図 3.1 参照)．FinTech 業界で代表的な負の事例を取り上げ，FinTech の弱点について見ていく．

3.1　MTGOX の破たん

　報道などによれば 2014 年 2 月，当時世界最大規模のビットコイン取引所であった MTGOX (マウントゴックス) は 744,408 BTC の預かり資産のほとんどをハッキングを受けて喪失したことを理由に，会社をおいていた日本の裁判所に対して破産申請を行った．当時のビットコインの時価 600 US ドルで換算しても 4 億 5,000 万 US ドル (1 ドル 110 円として約 500 億円) 相当のビットコインが盗難されたことになる．

　MTGOX はもともとの創業者が 2010 年に立ち上げたが，問題となった元経営者に 2011 年 3 月に売却されたという経緯がある．創業者はもともと Magic: The Gathering という人気トレーディングカードゲームのカードのオンライン

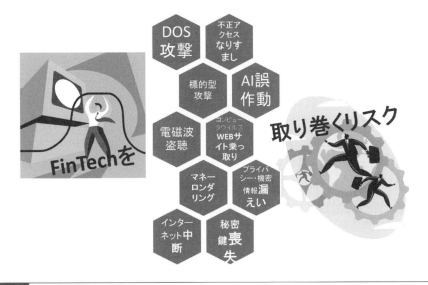

図 3.1 FinTech を取り巻くリスク (イメージ図)

取引所を運営しており，MTGOX という名称は Magic: The Gathering Online eXchange の頭文字をとったものである．The Daily Beast の取材によれば，元経営者は 158,000 US ドルという破格の値段で MTGOX を譲り受けたが，会社の帳簿の実態を聞かない，訴訟の権利を放棄するという条件付きであったようだ．実情はその時点で 80,000 BTC がすでにハッキング攻撃を受けて喪失しており，創業者が破たんを恐れ逃げだしたともとれる．当時のビットコインは 1 US ドル程度の価値しかなくそれほど問題視していなかったところ，2011 年 6 月にビットコイン価格はジャンプアップし，10 倍の損失に膨らんだ．さらに再度ハッキング攻撃を受け，MTGOX の全システムプログラムにかかわる創業者の管理者アカウント (その時点までアクティブになっていた) が乗っ取られてしまった．管理者権限を得たハッカーはそれによりビットコインの値段を 1 US セントに下げ，大口保有先の売却注文と大量の自分の買付注文を実行し，外部のアカウントへビットコインを正規のプロセスで移動した．元経営者はハッカーに対抗すべく，主要なビットコインをオンライン上から隔離した"コールドストレージ"(普段使うオンライン環境のウォレットに秘密鍵を保存せず，一時的に送金できない状態にしておくこと) に移し，最低限の回線で取引を続けていたが，オンライン上のビッ

トコインが足りなくなると事態を隠ぺいするために，424,424 BTC をコールドストレージから MTGOX のオンラインアカウントに移していった．しかしながら元経営者はコールドストレージにアカウントを隔離する際，顧客のアカウントの金額との突合をやっていないという状況でもあったと伝えられている．MTGOX のコールドストレージは秘密鍵を紙に印刷したもので，それをまたスキャンして戻すという方法をとっていた可能性もある．また MTGOX が使用していたビットコインのアドレス数は 200 万口座を超えていたという推測もあり，管理できる状態ではなかったとも考えられる．

また事件発覚前の 2013 年 5 月に，DHS (米国国土安全保障省) は MTGOX 子会社が FinCEN (Financial Crimes Enforcement Network，米金融犯罪取締ネットワーク) 無認可で送金をしていたことを理由に令状を発行し，MTGOX の米国子会社の口座から 500 万 US ドル以上を罰金として没収していたことも会社にダメージを与えたといわれる．

流出したビットコインは一度大きなアカウントに集められてから，BTC-e や Bitcoinica などいくつかのビットコイン取引所を使って法定通貨に交換されたことがブロックチェーンの記録などから解明されている．

MTGOX の事例ではビットコインが顧客の秘密鍵による承認を得ずに流出しているので，取引所 (MTGOX) の顧客のアカウントは，外部のビットコインアカウントとは本質的に異なるもので，取引所が顧客の秘密鍵を管理下においているか，取引所のアカウントを顧客が間接的にシェアしている状態であったと思われる．もし，そうであれば社員の不正やハッキングによる秘密鍵の流出，システムの乗っ取りなどのリスクが常にあるだろう．このほかにも，暗号通貨取引所の不祥事はあとをたたない (表 3.2)．日本では損害保険大手の三井住友海上がビットコイン事業者向けに「サイバー攻撃」で盗難に遭うなどによって受けた損害を包括的に補償するサイバー保険をビットコイン取引所を運営する bitFlyer と開発したという事実もこのことを裏づけている．

MTGOX 事件に関連して 2015 年 8 月に東京地裁により下された判決はビットコインを司法当局がどのようなものと見ているかを知る手がかりになる．

MTGOX が運営していたビットコイン取引所にビットコインを預けていた原告は，被告である破産管財人に対し，原告の所有物であるビットコインを被告が占有していると主張し，破産法 62 条の取戻権に基づき，その引渡を求めた (ビット

3.1　MTGOX の破たん

年	月	取引所名	所在地	不祥事内容
2014	2	MTGOX	日本	不正アクセスによる流出，横領
2014	3	Bitcurex	ポーランド	不正アクセスによる流出
2014	5	Flexcoin	カナダ	不正アクセスによる消失
2014	7	Mintpal	英国	不正アクセスによる消失
2015	1	BitStamp	スロベニア	損金
2015	2	Bter.com	中国	コールドウォレットからの盗難
2015	2	Mycoin	香港	サービス停止
2015	11	Cruptsy	米国	DDoS 攻撃，集団訴訟
2016	6	Bitfinex	香港	7,200 万 US ドル相当の流出
2016	12	Poloniex	米国	メールアカウントから盗難

3.2　暗号通貨取引所の過去の不祥事

コイン引渡等請求事件，東京地方裁判所判決／平成 26 年 (ワ) 第 33320 号，判決
平成 27 年 8 月 5 日).

　金銭であれば，債権額を届け出て，回収された資産から債権額に応じて配当を
配分されることになる．しかしながら原告はビットコインは排他的な支配が可能
な「物」であるとし，取り戻しを求めたものである．

　判決では，所有権の対象となる要件の有体性，すなわち液体，気体および固体
といった空間の一部を占めるものであるか否かについて，ビットコインは，

- 「デジタル通貨」あるいは「暗号学的通貨」であるとされ，ビットコイン取引
所の利用規約においても「インターネット上のコモディティ」とされている
こと

- その仕組みや技術はもっぱらインターネット上のネットワークを利用したも
のであること

より，空間の一部を占めるものという有体性がないとした．さらに判決は，所有
権の対象となるもう 1 つの要件である「排他的支配可能性」についても，ビット
コインの仕組みにおいては，

- ビットコインネットワークに参加しようとする者は誰でも，インターネット
上で公開されている電磁的記録であるブロックチェーンを，参加者各自のコ
ンピュータなどの端末に保有することができる．したがってブロックチェー
ンに関するデータは多数の参加者が保有していること

- 口座 A から口座 B へのビットコインの送付は，口座 A から口座 B に「送付
されるビットコインを表象する電磁的記録」の送付により行われるのではな

く，その実現には，送付の当事者以外の関与が必要であること

- 特定の参加者が作成し，管理するビットコインアドレスにおけるビットコインの有高 (残量) は，ブロックチェーン上に記録されている同アドレスと関係するビットコインの全取引を差引計算した結果算出される数量であり，ビットコインアドレスに，有高に相当するビットコイン自体を表象する電磁的記録は存在しないこと

を挙げ，ビットコインアドレスの秘密鍵の管理者が，当該アドレスにおいて当該残量のビットコインを排他的に支配しているとは認められないとした．

よってビットコインには有体性も排他的支配可能性も認められず，ビットコインは物権である所有権の客体とならない，よって原告がビットコインについて所有権を有することはない，また被告の管理するビットコインアドレスに保有するビットコインについて共有持分権を有することはなく，また寄託物の所有権を前提とする寄託契約の成立も認められない，とし，結論として，ビットコインについてその所有権を基礎とする原告の請求は棄却された．本判決は，ビットコインを所有権の対象となる「物」ではないと位置づけたものと理解できよう．

2016 年 5 月 25 日に成立した改正資金決済法においても，暗号通貨は財産的価値として定義されている．ここでも暗号通貨は「物」ではないと位置づけられていることが確認できる．2017 年 7 月 26 日，一人のロシア人がギリシャの沿岸沿いの小さな村で逮捕されたニュースが世界を駆け巡った．被疑者は 2011 年に開設された暗号通貨取引所 BTC-e の運営者で，ビットコインを使い 40 億 US ドル以上をマネーロンダリングした疑いで米国当局に起訴された．MTGOX のハッキングへの関与も指摘されており，事件の解明が大きく進む可能性がある．

3.2 The DAO とイーサリアムのハードフォーク

2016 年の 6 月 17 日金曜日，FinTech 界で衝撃的な事件が起こった．クラウドファンディングで多額の資金を調達した The DAO から 50 億円以上相当の資金がシステム設計の穴をつかれて流出したのである．「DAO」とは Decentralized Autonomous Organization，つまり一般的な分散型自律組織を意味する言葉であるが，この事件の当事者は「The DAO」という，ドイツのブロックチェーンスタートアップ企業である Slock.it がサイド・プロジェクトとしてスタートした分

散型の事業投資ファンドである．イーサリアムのプラットフォーム上で動いており，どの投資案件の取り組みを行うべきか，DAO トークンを保有する参加者が投票して決めることができる仕組みが売りであった．2016 年 5 月にクラウドファンディングイベントが行われ，イーサリアム上の暗号通貨 ETH (イーサ，ether ともいう) で 150 億円相当の資金を調達したばかりであった．

　日本時間で 6 月 17 日金曜日，ハッカーが The DAO を分割させて別のところ (The DAO を分割した子 DAO) に資金を移動させた．結果的に The DAO にあった資金の約 30% が外 (子 DAO) へ流出する事態となった．犯人と名乗る人物はインターネット上で The DAO とイーサリアムのコミュニティに対し「自分は The DAO のコードを深く理解し，スプリット (分割) という機能について知り，参加を決めた．このスプリット機能を活用して正当に 3,641,694 ETH を手に入れることができたので，The DAO には非常に感謝している．」と書き込んだ．流出した ETH は調達していた 7,620,000 ETH (11,500,000 ETH ともいわれている) のうちの約 50% を占めていた．その日のうちに ETH の価格は前日の高値から ▲33% の 13 US ドルに暴落した．ビットコインもつられ 750 US ドルとなった．

　要するに，The DAO のプログラム上の弱点を突かれてしまったのである．流出したのは The DAO の中の ETH だが，イーサリアム自体に問題があったわけではない．ハッカーの利用したアルゴリズムは反復した命令のコール (呼び出し) に対するプログラムの脆弱性をつき，The DAO から別ファンドへの少額の資金移動をエンドレスでループさせた．

　流出した ETH は子 DAO の中にあったが，幸い子 DAO をつくる際に，あらかじめプログラムされていたセーフガードが機能し，27 日間は中にある ETH を動かせなかったため，事件後すぐにハッカーの手に資金が渡ったわけではなかった．しかし，Slock.it 自身も自分の力でハッカーから ETH を取り戻すことはできない．その時点で考えられる選択肢はソフトフォークかハードフォークしかなかった．タイムリミットは子 DAO ができてから 27 日後にあたる 7 月 14 日であった．

　事件の解決のためにプラットフォームであるイーサリアムファンデーションはハードフォークを選んだ．ハードフォークにはアップグレードのために行われるものと，過去に起きた問題を解決するために行われるものの 2 種類がある．ビットコインでも過去に何度かハードフォークが行われており，イーサリアムのハードフォークも今回がはじめてではなかった．2016 年の 3 月にイーサリアムの最初

のバージョンである Frontier から Homestead にアップグレードするためのハードフォークが行われていた. 問題があったのは The DAO のコードでありイーサリアムではない. また, フォーク後もイーサリアムは正常に稼働している. しかしながらイーサリアムは当時まだ β 版であった上に The DAO に集まった資金や流出額が巨額であったため,「無視できない事態」となっていた.

ハードフォークとは, 暗号通貨の仕様プログラムを変更することを意味する. 通常のアップデートとは違い, 仕様が変更するため, 時に暗号通貨が分離することを意味する. それに対し, ソフトフォークとは, 前の仕様との互換性があるプロトコルの変更によって発生するブロックチェーンの分岐である. イーサリアムのこの 2 回目のハードフォーク後にできたものが ETC (イーサリアムクラシック) である. イーサリアムをもっている人は, ハードフォークで新しいイーサリアムか ETC かを選択しなければならなくなった. 当然イーサリアムを開発した会社の意図通り, 新しいイーサリアムを選ぶ人が多かったが, 攻撃を受けたほうの ETC を選択する人もいたようである.

イーサリアムは The DAO 事件後の第 2 回目のハードフォーク後にもハッキング攻撃を受けていたため, その対処のためイーサリアムファンデーションは 2016 年 10 月以降も追加のハードフォークにより脆弱性をもつイーサリアムを切り離したと報じられている.

ビットコインの送金に少額のビットコイン手数料が必要なように, イーサリアムのスマートコントラクトの実行にはガス (Gas) が必要となる. ガスは, イーサリアムで支払われ [1], そのコストはさまざまな行為ごとに定められたガスの数量とイーサリアムと 1 ガスとの交換率 (ガスプライス) との積となる.

ハッカーの攻撃はこのコントラクト実行に必要なガスのコストのひずみをついた攻撃であった. 簡単にいえば, 特定のコマンドに対するガスコストが低すぎる状況になっており, ガスコストが安いトランザクションを大量にネットワーク上に流すことで, Geth クライアントが対応できなくなってクラッシュしたり, ネットワークが遅くなってほかのトランザクションがなかなか承認されないような状態になってしまったのだ.

---

[1] ether, szabo, wei (通貨単位) などで支払われる.
　　1 szabo = 0.000001 ether
　　1 wei = 0.000000000000000001 ether

ビットコインでも似たようなスパム攻撃はあるが，イーサリアムのほうがコントラクトの実行などビットコインよりできることが多いので，攻撃される領域もビットコインより広く，ビットコインへのスパム攻撃よりかなり深刻な状況になっていたようである．

このスパム攻撃を元から解決するには，ハードフォークをして攻撃対象になっている部分のガスプライスを引き上げる必要がある．こうすることで，ハッカーが攻撃すること自体は変わらず可能だが，攻撃に必要なコストが上昇し，いずれDoS 攻撃が止まるという理屈である．

The DAO 事件は，プロトコル上の分散アプリの解決をプロトコルの変更でやってしまったことで，ブロックチェーンの改ざん不能性を自ら否定してしまったことになる．今後も同様にプロトコル自体の攻撃でハードフォークを余儀なくされる可能性はあるといえるだろう．

〔参考〕「A hacking of more than \$50 million dashes hopes in the world of virtual currency」[58]

3.3 オーストラリア大手銀行の取引所からの引き上げ

報道によれば，2016 年の 7 月頃，オーストラリアの大手であるウエストパック銀行とコモンウェルス銀行はオーストラリアの暗号通貨取引所に対して銀行口座の一方的な解約を発表した．銀行側からの解約についての詳細は出ていないようだ．取引所には BitTrade と Buyabitcoin が含まれ，これまでに 17 の暗号通貨関連会社が通達を受け，うち 13 がすでに口座を解約されたという．ウエストパックやコモンウェルスはこれまでブロックチェーン技術についてポジティブな発言をしてきたり，リップルを使った低コストな海外送金を行うために研究も行っている銀行である．

オーストラリアのビットコイン関係者の中には，これらの銀行側の措置は暗号通貨取引所を経由した取引がマネーロンダリング防止およびテロ資金対策法 (Anti Money Laundering/Counter-Terrorism Financing, AML/CTF) に抵触したからではないかと憶測している者もいる．しかしながら彼らも今回の措置がその解決になるとは思っていない．

AML/CTF は，2006 年にオーストラリア政府が導入した制度である．オース

トラリアは同国の AML/CTF 制度を国際的な基準を満たすものにし，オースト
ラリアの企業がマネーロンダリングまたはテロへの資金供与に利用されるリスク
を減らすことに力を入れている．

2014 年のカナダを皮切りに，オーストラリア，EU 政府は暗号通貨の規制に乗
り出し，AML/CTF の改正を図っているが，その背景には AML/CTF における
国際的な協調，指導，推進を行う FATF (The Financial Action Task Force, 金
融活動作業部会) の仮想通貨 (FATF は本書でいう暗号通貨に対し，仮想通貨と
いう表現を用いている) などに対する一連の指導がある．FATF は 2013 年 6 月
に "Guidance for Risk-based Approach, Prepaid Cards, Mobile Payments and
Internet-based Payment Service" を発信し，プリペイドカード，モバイル送金,
インターネット送金サービスについての潜在的なリスクを認識し，2014 年 6 月に
は "Virtual Currencies Key Definitions and Potential AML/CTF Risks" とい
うレポートを発行し，暗号通貨を金融のイノベーションであることを認めつつ,
マネーロンダリングやテロリストへの資金供与のリスクにつながるものとして,
その定義づけと関係者の特定を行った．さらに 2015 年 6 月には "Guidance for
a Risk-based Approach, Virtual Currencies" を発信し，暗号通貨取り扱い業者
に対して，業務を提供する前に，利用客の身元を確認すること，業務を提供する
際には継続的に利用客の取引を監視すること，利用客の業務内容などの情報を明
確にする，または更新すること，こうしたサービスに関する記録を保管すること,
疑わしい取引については通報することなどを義務づけていくなどの指針を示し,
各国へその実施を促している．FATF は仮に仮想通貨と法定通貨との交換を公に
禁止しても，地下経済化し監視や規制が困難になるだけだとして，公に取引業者
を認めて，その資格基準の中に自主監視の役割を義務づけるほうが，当局の目が
行き届き，コントロールしやすいという判断に立っている．

日本でも 2016 年 5 月 25 日に「銀行法施行令等の一部を改正する政令」等が成
立，2017 年 4 月より施行となり，資金洗浄・テロ資金供与の抑止および利用者保
護が図られてきている．すなわち暗号通貨と法定通貨の売買などを行う交換所を
犯罪収益移転防止法の適用対象である特定事業者 (銀行，信託会社，貸金業者，ク
レジットカード会社など) に追加し，犯罪収益移転防止法に規定される，本人確
認 (口座開設時など)，本人確認記録および取引記録の作成・保存，疑わしい取引
の当局への届出，体制整備 (社内規則の整備，研修の実施，統括管理者の選任な

ど), の義務を課している. また, 利用者の保護などに関する措置の実施 (誤認防止のための説明, 利用者に対する情報提供, 金銭などの受領時における書面交付, 内部管理), 名義貸しの禁止, 利用者が預託した金銭・暗号通貨の分別管理, 情報の安全管理, 財務規制, 帳簿書類の作成・保存, 事業報告書の当局への提出, 当局による報告徴求, 検査, 業務改善, 停止命令, 登録の取消, が求められている.

また, 暗号通貨の価値を記録した情報が消失し暗号通貨も消滅した場合に備えた情報の安全管理措置や, 業務を委託した場合の委託先に対する指導が, 暗号通貨交換業者にも義務づけられた.

ブロックチェーンなどの技術は国家権力の介入や監視が行きとどきにくい, 本来的には無政府主義思想のシステムである. 匿名性の高い暗号通貨がそのような活動や脱税行為を助長していく可能性があることは否めない. しかしながらその対策を講じることは, その利便性をなくしてしまうことにもつながりかねず, また対策が講じられたところで IT 技術の進歩がまたそれをクリアしていく蓋然性が高いといわざるをえないだろう.

〔参考〕「Anti-money laundering and counter terrorism financing」[59], 「犯罪と資金—このつながりを断つためにご協力を」[60]

4

FinTech のエコノミクス

4.1 FinTech の経済効果

　FinTech ビジネスが顧客とつながる場所，それは"インターネット"や"携帯電話"である．そこでまず世界各国のインターネットの利用率について見てみる．2000 年から 2015 年にかけての推移は図 4.1 の通りである．インターネットの普及が進んだ先進国ではすでにやや頭打ちとなっている．生身の人間がインターネット経由の情報を受け取る処理能力 (インターネットなどのブラウジングに割り当てられる時間と画面から入ってくる情報を解読する身体能力の積分) には限界がある．そのことを考えると，先進国では FinTech ビジネスへの顧客のダイレクトアクセスが今後大幅に拡大する余地はそれほどないと思われる．言い換えれば，何か新しいサービスが登場し人気となれば，ほかのなにかのページビューが消滅しているような，ゼロサム的な状況に近づきつつあると推察される．

　もう 2 つグラフを用意した．図 4.2 は携帯電話の契約率 (100 人あたりの携帯電話契約数を意味する) にインターネットの利用率を足し合わせたものである．香港とアラブ首長国連邦が突出しているが，すべての国で 100% を超えていて，一部の国を除いてそれほど大きな差はない状況に見える．実際には携帯電話をもっている人は平均 2 台ぐらいもっているともいわれ，真の普及率はその半分程度である点にも留意する必要があるが，やはりパソコンよりも携帯電話のほうが生活インフラとして定着し，必需品になりつつあることが見てとれる．エマージング諸国の携帯電話はプリペイド式が主流である．広く地球上を見回してみれば携帯電話やブロードバンドなどインターネットの固定契約は先進国特有の恵まれたインフラ環境であるのかもしれない．

4.1 FinTech の経済効果　　　　　　　　　　　　　　　　　　　　137

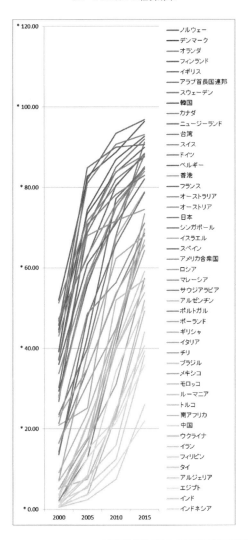

4.1　世界各国のインターネットの利用率 (「世界の統計 2017」総務省統計局 (http://www.stat.go.jp/data/sekai/0116.htm) を加工して作成)

また図 4.3 で示しているのが携帯電話契約率とインターネット利用率の相関図である．両者の間にはそれほど強い関係はなく，特に相互補完するものではないということになろう．

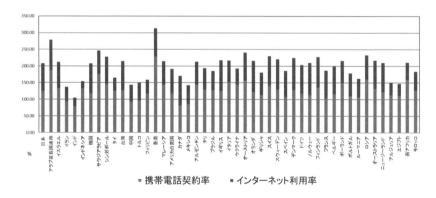

4.2 世界各国の携帯電話契約率＋インターネット利用率（「世界の統計 2017」総務省統計局 (http://www.stat.go.jp/data/sekai/0116.htm) を加工して作成）

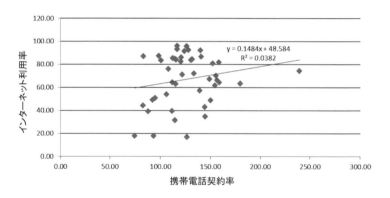

4.3 世界各国の携帯電話契約率とインターネット利用率 (2015 年)（「世界の統計 2017」総務省統計局 (http://www.stat.go.jp/data/sekai/0116.htm) を加工して作成）

もし世界中にビジネスやサービスを広めたい，とするならばインターネット利用者へのアプローチよりも，携帯電話利用者向けのアプローチのほうが市場は大きい．

ここからは，FinTech ビジネスが社会にもたらす経済効果について見るために，第 1 章で紹介したカテゴリー 3 (既存のサービスの及ばない領域を開拓するもの) に属する M-Pesa を再び取り上げる．先進国の経済は複雑に入り組んでいて，先進国における FinTech ビジネスのインパクトを直接的にも間接的にも抽出するこ

とは難しい．一方でケニア経済のような規模の小さい経済圏でブームが爆発したM-Pesa がどのような効果をもたらしたのかを調べることは比較的わかりやすい．ケニア共和国はアフリカの東側に位置する人口約 4,400 万人の国で，通貨はケニアシリング (Ksh，2017 年 2 月の相場で 1 Ksh = 約 1.2 円) である．2015 年の 1 人あたりの名目 GDP は 1,434 US ドルと，32,479 US ドルの日本の 1/20 以下である．

図 4.5 を見ればわかる通り，2005 年以降，携帯電話普及率の上昇 (図 4.4) に呼

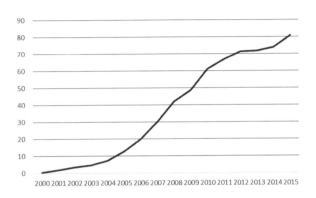

4.4 ケニアの携帯電話契約数 (100 人あたり) (データソース：the United Nations specialized agency)

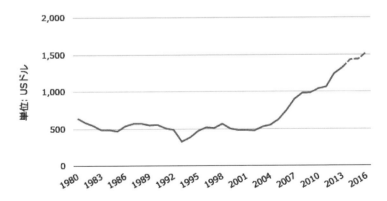

4.5 ケニア国民 1 人あたりの名目 GDP (US ドル) の推移 (1980～2016 年) (出典：世界経済のネタ帳 (http://ecodb.net/))

応するように 1 人あたりの名目 GDP の伸びは過去 5 年平均で 7.45% と高成長を続けている.

　国全体の実質 GDP もほぼ毎年 5% を超える成長を続けており,世界平均 3.4% を上回っている. 2005 年ぐらいまでレンジ内を行ったり来たりしていた 1 人あたり GDP は 2007 年頃から上にブレイクする. M-Pesa がサービスを開始したのが 2007 年 4 月である. リーマンショックが起こった 2008 年以降ややペースを落としたがその後 2012 年ぐらいから再び明確な右肩上がりのトレンドとなっている. ケニア国家統計局の Economic Survey 2016 に興味深いデータがある. モバイル送金サービスで利用された金額である. 2015 年は約 2 兆 7,500 億 Ksh,実に名目 GDP の約 43% のお金が携帯電話によってやりとりされているのだ (日本の 1 人あたり名目 GDP の 43% であれば,約 150 万円相当の金額に値する). 一方で SMS の統計もあり,この金額がすべて SMS で送金されたとすれば,1 件あたりの送金額は 100 Ksh (日本円で 120 円程度) と少額である. このモバイル送金サービスは今やケニア経済の動脈となっているといっても過言ではないのかもしれない. またこれらの携帯電話の約 98% がプリペイド式であることも再度付け加えておく.

　FinTech ビジネスの躍進は FinTech 企業側から見ることが早道である. 下記のように Safaricom と KCB の業績から,M-Pesa や KCB M-PESA サービスの経済効果を垣間見ることができる.

　Safaricom の直近 5 年間の業績推移 [61] によれば,2012 年度から 2016 年度までの 5 年間で,M-Pesa 収入は 169 億 Ksh から 415 億 Ksh へ約 2.5 倍となりサービス収入の 23% を占めるに至っている.

　KCB の IR 資料 [62] によれば,KCB M-PESA 口座の寄与で,2015 年 6 月末から 2016 年 6 月末までの 1 年間で,

- 預金口座数:210 万口座から 650 万口座へ 3 倍超
- ローンの件数:80 万件から 610 万件と 7 倍超
- ローン残高:21 億 Ksh から 113 億 Ksh へ 5 倍超

と急拡大し,モバイルバンキングチャネルの収入も 71% 増となった.

　2015 年に開始した KCB M-PESA 口座は約 1 年で 500 万口座を獲得した. 2015 年の第 3 四半期のオンライン取引は全体の 73% と 1 年前より 10% シェアが上がった. 預金口座は 430 万口座から 830 万口座へ倍増し,ローンの利用者も 190

万先から 410 万先へほぼ倍増した.

2016 年においても KCB M-PESA の人気は衰えることなく続いていたようだ. トランザクションが殺到し 1 週間のシステム停止も余儀なくされた. KCB M-PESA 取引の 57% が 1,000 Ksh 以下と依然小口取引が主体であることも特徴である. KCB はこの状況を打開するために 2017 年に 300 トランザクション/秒の処理スピードを 2 倍にする計画を進めている.

KCB Bank Kenya に対して格付会社 Moody's は B1, Global Credit Ratings は AA(kE) の格付を付与しており大きくスプリットしている. Moody's の格付はケニアの格付の上限が B1 になっていることが理由であると思われる. 参考までだが, FY2016 の KCB の財務情報を 2.2.1 項で紹介した筆者らの邦銀 R&I 格付推定モデルに入力してみると BBB+の判定となった.

4.2　暗号通貨の価格決定メカニズム

J. M. Keynes の「一般理論」[63] によれば貨幣には 3 つの機能があり, それは価値尺度, 交換手段, 価値貯蔵手段である. 価値貯蔵手段はそもそも利子が負にならない条件が与えられても流動性選好への諸動機 (所得動機, 営業動機, 予備的動機, 投機的動機) のために, 現物の貨幣をタンスあるいは金庫に保持している, とするものである. 今日では日本円をはじめ一部の通貨圏では市場短期金利は負になっており, 貯蓄的動機もある.

4.2.1　ある国の居住者の視点

貨幣のはじまりは石であった, という説の真偽はわからないが, ミクロネシアのヤップ島では実際に大きな石が貨幣の役割を果たしていたという. そこから貨幣の変遷について考察していきたい. どのような石でもよいが, 草原にある石としよう. それは遠くからでも目印になるくらい大きいもので, かつ人が簡単に動かすことができないほど重いものであった. A という人間が B という人間に牛を売った代金を B から石で受け取る. つまり牛 1 頭の値段がその石の価値で, それを村の長老たちが証人となって, その石の所有者が B から A になったことを証明してくれるシステムである.

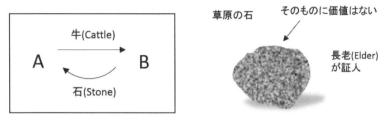

石 (stone) そのものに価値はないが長老 (elder) の権威で，長老の考える牛 (cattle) の価値と同等物と交換できるとされている．ただし牛の価値 (相場) は需給などにより時間の経過とともに変動する (例えば一般的な幾何ブラウン運動を想定する)．またなんらかの事情で長老の権威が失墜すると無価値になる可能性をはらんでいる (E^{elder} は長老の価値観での期待値を意味する)．

$$V_{\text{stone}(t)} = E^{\text{elder}}[V_{\text{cattle}(t)}|elder\ has\ authority]$$

牛の価値の確率過程　$\dfrac{dV_{\text{cattle}(t)}}{V_{\text{cattle}(t)}} = \mu dt + \sigma dB_t$ 　　　(4.1)

dB は標準ブラウン運動，σ はボラティリティー

時は流れて，通貨の単位が生まれた．A は石を動かせないしほかの部族では使えないので，持ち運びが可能で，そのものにも一定の価値がある金貨 (gold coin) に替える．金 (gold) の価値は幾何ブラウン運動に従う．

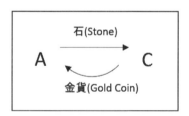

$$V_{\text{gold coin}(t)} = \max(weight\ of\ gold\ in\ gold\ coin \times V_{\text{gold}(t)}, V_{\text{gold coin}(t-1)})$$

金の価値の確率過程　$\dfrac{dV_{\text{gold}(t)}}{V_{\text{gold}(t)}} = \mu dt + \sigma dB_t$ 　　　(4.2)

dB は標準ブラウン運動，σ はボラティリティー

時は流れて，A は金貨が持ち運びに重いので，民間会社の発行する紙幣に替える．まだ中央銀行はない．

4.2 暗号通貨の価格決定メカニズム

$$V_{民間紙幣} = 額面 \times \max(\exp(-民間会社の\ probability\ of\ default \\ \times\ loss\ given\ default),\ \min(交換価値, 1))$$

時は流れて，A は民間会社が不履行するかもしれないので紙幣より安全な中央銀行が保証する法定紙幣に替える．

$$V_{法定紙幣} = 額面 \times \max(\exp(-中央銀行の\ probability\ of\ default \\ \times\ loss\ given\ default),\ \min(交換価値, 1))$$

時は流れて，自国法定紙幣は泥棒に盗まれたりするかもしれない．預金保険でカバーされるので銀行預金 (電子データ) に替える．ただし将来，預金に税金がかかる可能性もある．

$$V_{銀行預金} = 額面 \times \max(\min(\exp(-預金保険の\ probability\ of\ default \\ \times\ loss\ given\ default), \exp(-預金税率 \times probability)), \\ \min(交換価値, 1))$$

時は流れて，国が財政的に破たんするかもしれず，預金保険の信用力も不安，いよいよ預金税がかかるリスクも高まったので暗号通貨取引所で暗号通貨に替え

る．取引はブロックチェーンのブロックに記録された．

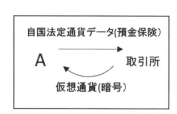
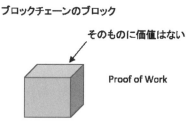

暗号通貨そのものに価値はない．1つの見方として市場参加者の相場観などに基づく動機で取引が誘発され，需給 (position amount) が一致するところで価格が決まる．相場観は主として目標プライス (target price) とその市場価格変動に対する感応度 (price sensitivity) からなり，その2つをトリガーに取引が誘引されるとしよう．市場参加者ごとに売買のアクションが起こるトリガーポイント (threshold price for action) は異なっている．買いたい数量と売りたい数量が一致するまで価格が決定しない板寄せ方式を想定する．

$$V_{暗号通貨}(t) = f(target\ price, price\ sensitivity, threshold\ price\ for\ action)$$

といっても上記の暗号通貨の定式化は抽象的なものであるので，具体的にどのようなメカニズムで暗号通貨の価格が表現できるのかという点について筆者の考えた人工市場シミュレーションモデル (仮称"150人モデル") を後半のパートで提示する．

時は流れて，暗号通貨の価格は変動して困るし，秘密鍵を保存したパソコンがランサムウェアに乗っ取られたり，歳をとって秘密鍵を忘れてしまうかもしれず心配なので中央銀行にも秘密鍵を管理してもらえる，中央銀行が政府の信用をバックに発行・管理する法定暗号通貨 bYEN (bitYEN の短縮型で筆者が考えた名称) に換える (報道によればブロックチェーン技術を使った銀行間取引決済システムを構築するためにスウェーデンがeクローナ，カナダがCADコインを開発中である)．

4.2 暗号通貨の価格決定メカニズム 145

4.2.2 二 国 経 済

図 4.6 のように，外貨保有 (外貨預金，キャッシュ)，暗号通貨保有が許されている二国経済を考える．少額の現金取引を除けば外国為替取引が起こっても，当該国の通貨は，同国の銀行口座の中にありマネーサプライに関し，中央銀行のコントロール下のままである．暗号通貨はマネーサプライに関し，中央銀行のコントロール外，貸し借りができないとすると，信用創造はしない．「物」ではないが，利子を生まない絵画あるいは一定限度まで増刷できる点で版画などの財産的価値に近い．

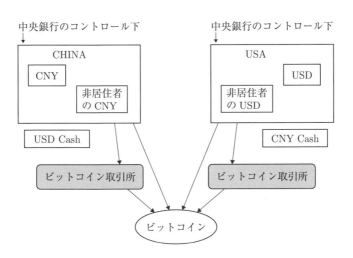

4.6 暗号通貨保有が許されている二国経済

4.2.3 人工市場シミュレーションモデル：150人モデル
a. 人工市場シミュレーションモデルとは

暗号通貨の市場価格は裏付資産や政府の信用がないので，市場参加者の相場観と行動パターンから形成される．取引参加者 (エージェント) の行動が価格の動きを左右するようなアセットクラスを表現する方法の1つに人工市場シミュレーションモデルがある．人工市場シミュレーションモデルは，エージェントの取引アルゴリズムを設定し，それに基づいて自動的に売り買いを繰り返すとするシミュレーションモデルである．ビットコインに代表される暗号通貨について人工市場シミュレーションモデルを構築し，過去の急激な値動きが再現できるかを試みた．

まず本モデルでの取引のメカニズムに関して，前提条件を規定する．

[前提条件]

● 暗号通貨は空売りできない

　2017年4月よりビットコインについて先物取引市場 [*1] が開設され，ビットコインの空売りが可能である．しかしながら本考察は2017年4月以前の先物市場がない時期の価格推移を対象としているので，ここでの前提は暗号通貨は空売りできないものとする．よって状態を"ロング (買い持ち)"か"フラット (ポジションなし)"の2通り，行動としては"買い"，"様子見 (なにもしない)"，"ポジションの売却"の3通りとする．

● 価格が成立するのは，売りと買いの数量が一致する状態のとき

　いわゆる板寄せやバッチで価格が決まる．

　価格が成立した状態は均衡状態であるが，なんらかの価格に影響するイベントやニュースが起こり，次の均衡状態 (period) へ移行するプロセスを各々のエージェントのアルゴリズムに従いシミュレートしていく．暗号通貨市場に影響を与えるイベントやニュースについて，例えば過去の事例であれば，国による自国通貨と他国通貨の交換制限，暗号通貨の口座保有者への監視強化，暗号通貨の ETF の上場予測，暗号通貨の取引所でのシステム障害やハッキング事故，暗号通貨の分裂などがある．

[*1] bitFlyer は 2017 年 4 月よりビットコイン先物 (Lightning Futures) の取扱いをはじめている．本サービスを使えば差金決済ベースでのビットコインの売買が可能となる．つまり俗にいう空売りが可能となる．

4.2 暗号通貨の価格決定メカニズム

- **取引参加者はトレーダーとノントレーダーの2種類とする**

  人工市場モデルではエージェント (agent) という名称がよく使われる．エージェントの数は任意に決められるが，本例では50人のトレーダーと100人のノントレーダーがいるとする．

b. エージェントの取引アルゴリズム

エージェントの取引アルゴリズムは，以下のように規定する．

- **トレーダー (trader)**

  暗号通貨について目標プライス (target price) をもっている (逆に目標プライスをもっていない人はノントレーダー)．target price は暗号通貨の価格 $X_{(t)}$ の増減に連動し変化する．その幅を感応度 (price sensitivity) α によって表現する．tr_posi_i によってトレーダー i のポジションを表現する．

  トレーダー i の price sensitivity：α_i

  トレーダー i の target price：$PT_{i(t)} = PT_{i(t-1)} + \alpha_i(X_{(t)} - X_{(t-1)})$

  $tr\_posi_i = g(target\ price,\ price\ sensitivity) \in \{0, 2\}$

  target price より市場価格が下であれば買い持ちをつくる (すでに買い持ちがあればなにもしない)．市場価格が target price よりも上であれば利食いをする (ポジションがなければなにもしない)．target price が市場価格を下回ればポジションをクローズし，持ち値によっては損切りもする．しかしながら通常は price sensitivity が 1 を下回るので，target price の変化幅が市場価格の変化幅より小さく逆転することが難しいので，損切りは起こりにくい．単純化のためにトレーダーは常に 2 単位の暗号通貨を売買する (+2：2 単位の買い持ち，0：ポジションなし)．

  target price $> X_{(t)}$：

  　　Buy 2 unit if no position is held, otherwise no change

  target price $\leq X_{(t)}$：

  　　Sell 2 unit if long position is held, otherwise no change

- **ノントレーダー (non-trader)**

  相場観がないが，暗号通貨を売り買いする人．トレーダーが形成する相場を後追いする．トレンドやモーメンタムについていこうとする．ポジションがある場合はその持ち値 (BP) から，ポジションがない場合は直前の period の均衡価格から一定幅以上市場価格が離れると買い持ち，利食い，または損

切り行動に出る．その幅 $\beta_j = 1,...,100\%$ とし，100 人に 1〜100% を 1% 刻みで割り当てるものとする．その意味するところは β 分価格が上がったら相場に追随しロングをつくり，持ち値からさらに β 分価格が上がったら利食い行動に出て，逆に ▲β 分下がったらそれ以上の損失を回避し手じまいする．β はリスクの許容度を表し，β が小さいノントレーダーはリスク許容度が低く，β が大きいノントレーダーはリスク許容度が高い．ノントレーダーは常に 1 単位の暗号通貨を売買するとする．これはトレーダーの 2 単位に対して決められるもので，通常ノントレーダーはトレーダーのようなプライスメーカーとはなりえず，取引量も相対的に小さいことを反映したものである．まとめれば表 4.7 のようになる．ただし，

　　直近の市場の動き：$\Delta X_{(t)} = X_{(t)} - X_{(t-1)}$

　　保有ポジション：$+1$ (1 単位の買い持ち)，0 (なし)

である．

価格変化	保有ポジション	条件 (%)	アクション
上昇	0	$\Delta X_{(t)}/X_{(t-1)} > \beta$	Buy
上昇	0	$\Delta X_{(t)}/X_{(t-1)} \leq \beta$	Hold
上昇	+1	$(X_{(t-1)} + \Delta X_{(t)})/BP_{(t-1)} - 1 \geq \beta$	Sell
上昇	+1	$(X_{(t-1)} + \Delta X_{(t)})/BP_{(t-1)} - 1 < \beta$	Hold
下降	0	$\Delta X_{(t)}/X_{(t-1)} \geq -\beta$	Hold
下降	0	$\Delta X_{(t)}/X_{(t-1)} < -\beta$	Hold
下降	+1	$(X_{(t-1)} + \Delta X_{(t)})/BP_{(t-1)} - 1 \geq -\beta$	Hold
下降	+1	$(X_{(t-1)} + \Delta X_{(t)})/BP_{(t-1)} - 1 < -\beta$	Sell

4.7　ノントレーダーのアクション

　市場価格の変化に連動しエージェントの相場観が変動する相場追随型モデルである．トレーダーはノントレーダーより 1 人あたりの保有ポジション (= 取引量) が大きく，人数は少ないという現実市場の傾向を反映させている．それらは人単位で表現しているが同種の市場参加者の 1 集合を表していると解釈してもよい．暗号通貨にまったく興味のない人や，暗号通貨をもっていても温存し市場で取引をする気が一切ない人は市場外にいると考える．

　暗号通貨の新しい均衡価格が決定される条件は，市場参加者の保有ポジションの合計が，その直前に成立した均衡価格時の市場参加者の持ち高の合計と一致し

なければならない，ということになる．そこで市場全体の持ち高の変化 (過不足) が生じていれば誰かが売ったはずの暗号通貨が売れていないか，あるいは買ったはずの暗号通貨が買えていない，という不合理が成立しているので均衡状態ではないからだ．

- トレーダー：tr_i $(i = 1,...,50)$
- ノントレーダー：ntr_j $(j = 1,...,100)$
- ノントレーダー j の threshold price for action：ntr_sens_j $(j = 1,...,100)$
- トレーダーの position amount：tr_posi_i $(i = 1,...,50)$
- ノントレーダーの position amount：ntr_posi_j
- ある時点 t のトレーダーとノントレーダーの保有する発行残高 (暗号通貨保有者 $= \sum tr\_posi + \sum ntr\_posi$ と仮定すれば暗号通貨全体と考えてもよい)：all_posi_t
- トレーダー：均衡価格が target price を上回れば利食いをする
- ノントレーダー：市場のモーメンタム (勢い) に追随し，買いや売り，利食いも損切りもあり
- 空売りはできない
- ある時点 t の暗号通貨の均衡価格：$X_{(t)}$

トレーダーの target price が価格決定のドライバーになっている．暗号通貨のシミュレーションでは実勢の動きに合わせ target price の当初の上限を 1,500 (わかりやすくするため当初の暗号通貨の価格を 100 に設定し，それに対する値) などの数値に設定する．例えばこの 1,500 をもっと小さな数字にすると，均衡価格のレンジが下がっていく．例えばすべてのトレーダーの target price が 200 以下で，その中で target price が 100 以下のトレーダーのみにポジションを保有させ，Python のプログラムでシミュレーションしたものが図 4.8 や図 4.14 である．図 4.11 に比し予測される価格レンジは低位に推移する．逆に 1,500 より大きな数字にすれば均衡価格のレンジが上がる．

トレーダー，ノントレーダーのアルゴリズムをまとめれば図 4.9 のチャートのようになる．暗号通貨市場のニュースの代わりに，標準正規乱数を発生させ，正であればポジティブ，負であればネガティブなニュースとして 1 ずつ気配価格を増減させていく (本例では標準正規乱数を使っているが上下の方向が決められれば特に制約はない)．現実には大きなニュースで価格がジャンプするので，気配価

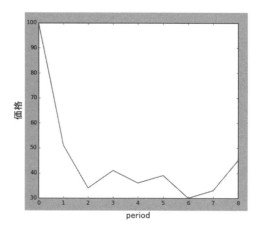

4.8 すべてのトレーダーの target price が 200 以下のケースの価格推移の一例

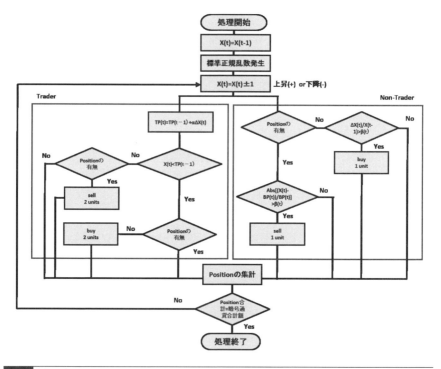

4.9 人工市場シミュレーションのフローチャート

格を1ずつ動かさずに生成された乱数の大きさにより最初のプライスアクションをジャンプさせてもよい．

本モデルの特徴を以下にまとめる．
- トレーダーの target price が均衡価格のドライバーになっているので，target price を上方に変化させると，均衡価格は高めに連動する．逆に低めに変化させれば，均衡価格は低めに連動する．
- 経路依存型のモデルであり，均衡価格から次の均衡価格へ分岐が起こっている (ただし，分岐や均衡が起こらないこともある)．
- モデルの基本構造を変えず，maximum target price sensitivity, highest target price の2種類のパラメータで，均衡価格の動きを表現することができる (ただし，ヒストリカルデータなどへのフィッティングは保証されているわけではない)．

c. 150人モデルによるビットコイン価格のシミュレーション

2013年9月23日を起点 (Period0)，その日のビットコイン価格 128.58 US ドルを基点価格 (= 100) として約2か月ごとに Period1, 2, 3, 4 と計8か月間の動き (図 4.10) を本モデルで表現してみたものが図 4.11，表 4.12 である．グラフ中の

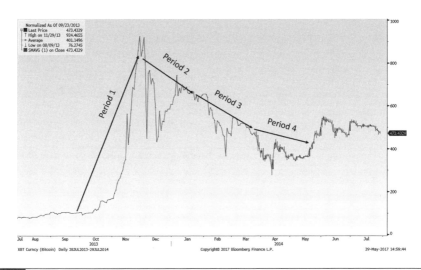

4.10 ビットコインの価格推移 (2013/9/23=100 で基準化) (出典：Bloomberg. グラフ上に筆者が period カウントを付加したもの)

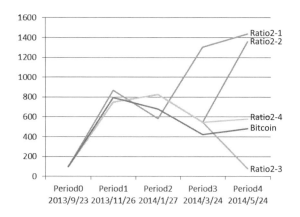

4.11 150人モデルで表現されたビットコインの均衡価格推移グラフ

	Period0 2013/9/23	Period1 2013/11/26	Period2 2014/1/27	Period3 2014/3/24	Period4 2014/5/24	max. target price sens.
Ratio2–1	100	870	585	1304	1435	0.5
Ratio2–2	100	750	825	548	1356	0.6
Ratio2–3	100	750	825	548	79	0.65
Ratio2–4	100	750	825	548	581	0.6
Bitcoin	**100**	**793**	**681**	**426**	**481**	

4.12 150人モデルで表現されたビットコインの均衡価格推移表

Ratio2–4 が比較的実際の値動きに近いサンプルパスである．相場の上げ下げを規定する乱数列を所与とした場合，パラメータについては Period1 で実際のビットコイン価格 (基点価格 =100) が 100 (123.58 US ドル) から 793 (979.45 US ドル) へ 8 倍程度まで上昇したので，上昇時に 793 US ドル近辺で価格が均衡する maximum target price sensitivity (0.6)，highest target price (1,500) の組合せを決定し，Period2–4 についてはそれらのパラメータを変えていない．Ratio2–1 では maximum target price sensitivity=0.5，Ratio2–2，Ratio2–4 では maximum target price sensitivity=0.6，Ratio2–3 は maximum target price sensitivity=0.65 としたケースで，highest target price=1,500 は共通である．

図 4.13 は Ratio2–3 のケースを period ごとにどこに均衡価格が存在するかを見たものである．縦軸が発行残高 (市場のポジションの合計，本例では 100 で一定)，横軸が価格である．例えば均衡価格は 100 からスタートし，Period1 で①→

4.2 暗号通貨の価格決定メカニズム

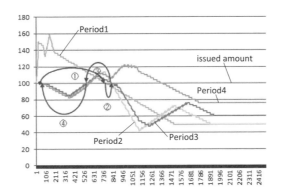

4.13 Ratio2–3 の均衡価格の推移 (横軸：価格，縦軸：ビットコインの発行残高)

Period2 で②→ Period3 で③→ Period4 で④の経路をたどるが，例えば②から③にかけては価格が上昇する地点と下降する地点両方に発行残高が 100 となる均衡点 (均衡価格) があることが見てとれる．パラメータを一定とする場合，モデルは必ず上昇下降両サイドに均衡点 (均衡価格) をもつという保証はないので収束しない場合もある．モデルが任意の，あるいは再現したい均衡価格に収束しない場合には period ごとにパラメータを調整あるいはフィッティングさせていく必要がある．現実の市場も参加者の相場観がまったく変化しないことは想定しづらく，参加者の相場観の変化をモデル的に表現できる柔軟性がある．

図 4.14 は highest target price=200, maximum target price sensitivity=0.6 としたシミュレーション結果である．トレーダーの相場観によって均衡するレンジがまったく変わってしまう状況が見てとれる．

2017 年 1 月から 5 月にかけての暗号通貨の急騰 (図 4.15 参照) についても 150 人モデルで表現できるものか試みた．2 月 2 日のビットコインの価格 1,010 US ドルを 10 で割ればモデルの起点価格 100 に近いので単純に 10 US ドル単位とし，約 1 か月ごとの動きを Period1, 2, 3, 4 として 4 か月間の動きを再現してみたのが表 4.16 である．相場の上げ方向の均衡価格が，Period1 で実際のビットコイン価格 101 (1,010 US ドル) から 125 (1,257 US ドル) へ 1.25 倍に上昇するようにトレーダーの target price の最高額を 232 (つまり 2,320 US ドル) へ修正すると Period2, 3 については特に変更なくほぼ実勢に合う水準で均衡点が形成され

154   4. FinTechのエコノミクス

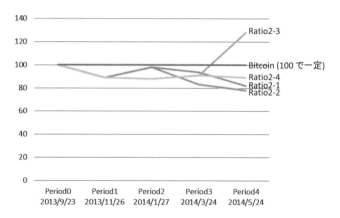

4.14 すべてのトレーダーの target price が 200 以下のケースの価格推移比較

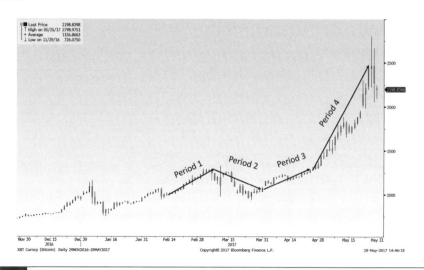

4.15 2016年11月から2017年5月にかけてのビットコインの価格推移 (出典：Bloomberg. グラフ上に筆者が Period カウントを付加したもの)

	Period0 2017/2/2	Period1 2017/3/2	Period2 2017/3/31	Period3 2017/4/28	Period4 2017/5/25	max. target price sens.
Model	100	125	109	125	250	0.6
Bitcoin	**101**	**125**	**107**	**130**	**247**	

4.16 2017年2月から5月のビットコインの高騰と 150 人モデルで表現された均衡価格推移 (単位：10 US ドル)

ていた (ノントレーダーについては追随率の上限を 1 から 1.02 に微調整すること
で暗号通貨の総量のわずかなずれ (±1) が調整できた). しかしながら Period3 か
ら Period4 の 246 (2,465 US ドル) への動きについては Period3 均衡後の target
price に追加修正を入れないと形成されなかったので, ここで市場の相場観が明
らかに上方シフトしたということがモデル上認識できることになる. トレーダー
一律に target price 上昇を適用すれば +130, つまり 1,300 US ドル分, トレー
ダー全員の相場観が上方にシフトしたという設定になる. また従来通り 50 人のト
レーダーの相場観が徐々に逓減していく target price の設計を踏襲する調整では,
target price の上限に 250 US ドルを加算すると均衡した. つまり, 最も Bullish
なトレーダーの相場観が 482 (つまり 4,820 US ドル) まで上がったという解釈に
なる.

このようにパラメータの最適化によりモデルを実際の価格の動きにフィットさ
せることもできる. 次の相場の動きが出たときに, それが上方向であっても, 下
方向であっても, 均衡価格がどのあたりで成立するかを予測できる可能性もある.
現実の価格メカニズムはもっと複雑であるが, 本モデルは相場にインプライドさ
れているトレーダーの target price や sensitivity を推定し, それらが変化したと
きにどのように価格が振る舞うかの特徴や目安をシミュレートすることができる.
本モデルのシミュレーションでは, 1,000 US ドル台から 1 桁, 2 桁 US ドル台ま
での急落もしばしば発生する. フラッシュクラッシュと呼ばれる暗号通貨相場の
脆弱性も本モデルのメカニズムからは明解な現象である.

d. 150 人モデルの拡張

本モデルの拡張として,

1) 個々のトレーダーに損失限度を設定する

2) target price のプライスレンジへの拡張

3) 一様に分布させている target price の分布を変える

4) 先物市場ができたことより, 空売りもできるようにする

5) PoW による new issue に合わせ outstanding を増やしていく

なども可能だ. 最後の 5) に関する点で補足すれば, 既述のようにビットコインは
PoW の報酬が新規の発行量となるが, 報酬は当初の 50 BTC から 210,000 ブロッ
クごとに半減していく. その報酬が最小単位 0.00000001 BTC (= 1 satoshi) にな
ると支払われなくなるので上限がある. 発行総額のイメージは図 4.17 を参照.

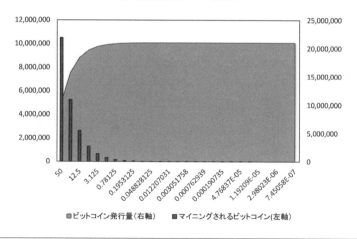

4.17 ビットコイン発行量の推移

　その場合，トレーダーの数を増やしてもよい．新しく追加するトレーダーの相場観を設定しなければならないが，1つの選択肢として既存のトレーダーの平均値を採用することなどが考えられよう．

　ほかにもこのモデルで為替レート，株価インデックス，コモディティなどのチャートでよく観測される Elliott wave の5波動的なプライスアクションを表現することもできそうだ (ただし現時点では厳密な Elliott wave の黄金比についてば考慮していない)．図 4.18 は実際の USDJPY の 2012 年 3 月 30 日の為替レートを 100 と基準化した為替レートの推移である．主トレンド部分を I, II, III, IV, V の 5 波動，コレクション (修正) トレンド部分を a, b, c の 3 波動で表現する Elliott wave 手法にならい筆者がカウント符号をつけたものである．Elliott wave については Frost and Prechter の Elliott Wave Principle [64] が詳しい．

　図 4.19 は本 150 人モデルでの Elliott wave 的な表現例になる．暗号通貨よりも為替レートあるいは株価インデックスをイメージした比較的狭いレンジの設定とすればよい．通常は暗号通貨と比較し，狭いレンジで価格が動く為替レートを想像してみればよいが，現在 100 円の相場が，一夜にして 200 円，300 円になると想定し市場参加者が取引しているわけではないだろう．そこで資産価格を 100 で設定し，トレーダーの相場観の最高を 120，下限を 95.5 に設定し，その間は 0.5 ずつ低減させている．また変動幅が小さいのでトレーダーの price sensitivity は

4.2 暗号通貨の価格決定メカニズム　　　157

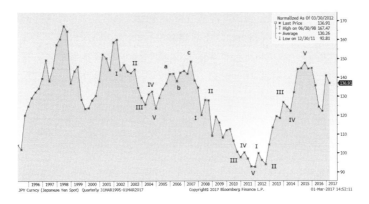

4.18 USDJPY 為替レート 2012/3/30 を 100 と基準化したグラフ (出典：Bloomberg．グラフ上に筆者が Elliott wave カウントを付加したもの)

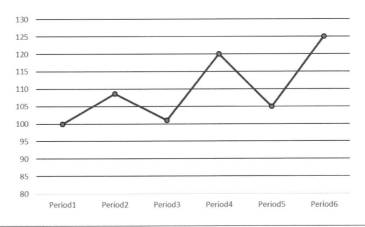

4.19 150 人モデルによる Elliott wave

最高を 100% と大きくしてバランスをとり，そこから 1% 刻みで 51% まで低減させていく．ノントレーダーの sensitivity β は 10% から 0.1% まで 0.1% 刻みで低減させた．当初のポジション保有設定についてトレーダーサイドは相場観の上位 25 人 (sensitivity も同様に上位)，ノントレーダーは sensitivity の上位 50 人とし，持ち値をトレーダーは 100 から 0.5 ずつ低減させる．ノントレーダーは 100 人いるので 0.25 ずつ低減させる．設定はこれだけである．暗号通貨同様に period ごとに市場の流通量が変わらない均衡価格を求めていき，Elliott wave の 5 波動に

近い表現をするパターンを抽出したものである．

e. 150 人モデルの Python による実装

図 4.20 は初期パラメータやビットコイン価格などが表示された本モデルの Python 実装時のシェル画面である．上からトレーダーの target price，トレーダーの book price，ノントレーダーの book price，トレーダーの sensitivity，ノントレーダーの sensitivity (threshold)，シミュレーション結果であるビットコイン価格 (4 period 分)，となっている．

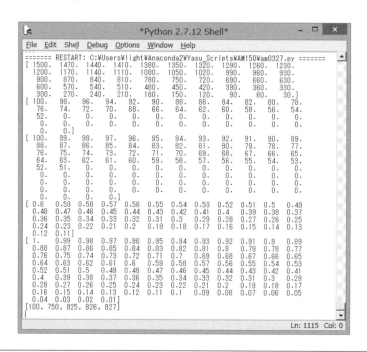

4.20 150 人モデルの Python シェル出力画面

[ソースコード 4.1 Python2.7 版の 150 人モデル実装例]
- `for r in range(20)` の 20 が period 数
- `market up` のところの steps で価格増加を +5000 までとしている
- `np.random.seed(300+r)` のところは乱数シードを固定し，再現性を確保するときに使うためのサンプルコード例である．不要な場合はコメントアウト

4.2 暗号通貨の価格決定メカニズム　　　　159

する

- tr_posi_temp, ntr_posi_temp のところはトレーダー，ノントレーダーの
  ポジションの変更を，多重ループを回避するため for あるいは if ループを
  使わず表現している
- 演算結果の均衡価格の時系列は別ウィンドウでグラフも出力される

ソースコード **4.1**　Python2.7 150 人モデルの実装例

```python
# -*- coding: utf-8 -*-
import numpy as np
import pylab

pylab.figure(1)


x = 100
all_posi = 0
tr_n = 50
ntr_n = 100
x_delta = 0
x_hist = [x]
tr_sens = np.zeros(tr_n)
tr_tp_highest = 1500
tr_tp = np.zeros(tr_n)
tr_tp_dec = (tr_tp_highest - 1)/(tr_n-1)    # for last tr to be
    set as 1
for i in range(tr_n):
    tr_tp[i] = tr_tp_highest - i * tr_tp_dec # set initial
        target price

print(tr_tp)
tr_posi = np.zeros(tr_n)
tr_posi_temp = np.zeros(tr_n)
# set initial positions for half of tr
tr_posi[0:int(ntr_n/2)] = 2 #half of traders have positions
tr_bp = np.zeros(tr_n) #vector of book price
tr_bp_highest = 100     #initial highest book price
tr_bp_lowest = 52       #lowest book price, 100, 98, ..., 52 (
    decreased by 2 from 100 for 25 traders)
tr_bp_dec = (tr_bp_highest - tr_bp_lowest)/(tr_n/2-1)
#set initial book price for half of tr
for i in range(int(tr_n/2)):
    tr_bp[i] = tr_bp_highest - i * tr_bp_dec
```

```python
print(tr_bp)

ntr_sens = np.zeros(ntr_n)
ntr_tp = np.zeros(ntr_n)
ntr_posi = np.zeros(ntr_n)
ntr_posi_temp = np.zeros(ntr_n)
# set initial positions for half of ntr
ntr_posi[0:int(ntr_n/2)] = 1


ntr_bp = np.zeros(ntr_n)
ntr_bp_temp = np.zeros(ntr_n)
ntr_bp_highest = 100
ntr_bp_lowest = 51        #lowest book price, 100, 99, …, 51 (
    decreased by 1 from 100 for 50 non-traders)
ntr_bp_dec = (ntr_bp_highest - ntr_bp_lowest)/(ntr_n/2-1)
#set initial book price for half of ntr
for i in range(int(ntr_n/2)):
    ntr_bp[i] = ntr_bp_highest - i * ntr_bp_dec

print(ntr_bp)

# set sensitivity for tr
for i in range(tr_n):
    tr_sens[i] = 0.60 - i * 0.01

print(tr_sens)
# set sensitivity for ntr
for i in range(ntr_n):
    ntr_sens[i] = 1 - i * 0.01
print(ntr_sens)


for r in range(20):
        np.random.seed(300+r)    #fix random seed
        random = np.random.randn(1)

        x_delta = 0

        # market up
        if random >0:
            step = 1
            steps = 5000 # to highest price
            for i in range(steps):
```

4.2 暗号通貨の価格決定メカニズム

```python
            x_delta += step
            ntr_bp_temp = ntr_bp
            tr_posi_temp = 2 * np.maximum(np.sign(tr_tp -
                np.maximum(x + x_delta,1)),0)
            z =[x if y <1 else y for y in ntr_bp] # the bp
                of ntr without posi is set as x
            ntr_bp_temp = np.asarray(z)
            ntr_posi_temp = np.abs(ntr_posi-np.maximum(np.
                sign(np.maximum(x+x_delta,1)/ntr_bp_temp - 1
                - ntr_sens),0))
            all_posi = tr_posi_temp.sum()+ntr_posi_temp.sum
                ()

            if all_posi == 100:

                x = x + x_delta
                x_hist.append(x)

                for m in range(ntr_n): # ntr's new book
                    price

                    if ntr_posi_temp[m] - ntr_posi[m]==1:
                        ntr_bp[m] = x
                    elif ntr_posi_temp[m] - ntr_posi[m]==-1:
                        ntr_bp[m] = 0

                tr_tp = tr_tp + tr_sens * x_delta
                tr_posi = tr_posi_temp
                ntr_posi =ntr_posi_temp

                break

        # market down
        else:
            step = -1
            steps = int(x-1) # go to 1 yen
            for k in range(steps):
                x_delta += step
                ntr_bp_temp = ntr_bp
                tr_posi_temp = 2 * np.maximum(np.sign(tr_tp -
                    np.maximum(x + x_delta,1)),0)
                z =[x if y <1 else y for y in ntr_bp] # the bp
                    of ntr without posi is set as x
                ntr_bp_temp = np.asarray(z)
                ntr_posi_temp = np.sign(ntr_posi*(ntr_posi - np.
```

```
                            sign(1-(x+x_delta)/ntr_bp_temp - ntr_sens)))
114                 all_posi = tr_posi_temp.sum()+ntr_posi_temp.sum
                        ()
115
116                 if all_posi == 100:
117
118                     x = x + x_delta
119                     x_hist.append(x)
120
121                     for m in range(ntr_n): # ntr's new book
                            price
122
123                         if ntr_posi_temp[m] - ntr_posi[m]==1:
124                             ntr_bp[m] = x
125                         elif ntr_posi_temp[m] - ntr_posi[m]==-1:
126                             ntr_bp[m] = 0
127
128                     tr_tp = tr_tp + tr_sens * x_delta
129                     tr_posi = tr_posi_temp
130                     ntr_posi =ntr_posi_temp
131
132                     break
133
134
135  print(x_hist)
136
137  pylab.plot(np.array(range(len(x_hist))),x_hist)
138  pylab.show()
```

■ コラム 3――RegTech

RegTech (レグテック) とは regulation (金融規制) + technology (IT 技術) の
合成語である．金融監督官庁などの規制強化や高度化の要請に対応するビジネスソ
リューションが模索されはじめた 2015 年ぐらいから使われはじめた．

バブル崩壊，リーマンショックなどの再発を回避するため Basel2.5，Basel3，ま
たその見直しといった一連のグローバルな金融規制強化の流れに加え，Libor，為
替レート，CDS (クレジットデフォルトスワップ) などの価格操作事件などに端
を発したコンダクトリスク対策，AML，CTF，FATCA (Foreign Account Tax
Compliance Act) などの規制の強化は，銀行や証券会社など監督される側のみなら
ず監督する側も含め双方にとって業務負担の増大を意味する．システム対応の費用

や人的コストの増加は，最終的には有事の際の税金の投入を抑制するものであるが，間接的に顧客へコストが転嫁されたり，あるいは規制対応コストやコンダクトリスクがビジネスの許容範囲を超えるため業務の縮小を余儀なくされる，といった金融サービスの劣化につながりかねないものである．

近時は肥大化した規制要件によりメリットとデメリット，そのバランスを当局さえも意識せざるをえない段階に来ている．双方の負担を減らすためになにができるのか，この問題へのソリューションは FinTech 企業にとっても大きなビジネスチャンスとなる．2016 年 12 月に米国ワシントンで行われた FinTech イノベーション・コンフェレンスでのブレイナード FRB 理事の発言にも代表されるように，当局も RegTech の発展への期待を表明している．参考として RegTech でよく知られている企業名とその提供するサービスを挙げておく．

Behavox コンダクトリスク管理の高度化支援．コンプライアンス監視ソフトウェアにより従業員の行動把握の精度を向上させるソリューションを提供．クラウド上の機械学習．従業員の E メール，携帯メール，通話などを形態素解析などの言語処理を使いリアルタイムで解析する．

ComplyAdvantage AML/CTF 領域における高度化支援．機械学習によりマニュアル作業の事務作業負担を削減する．

Tradle 当局もブロックチェーンのノードとなり，ブロックチェーン上で KYC 情報を共有するサービス．

Trunomi 顧客自身が入力・管理する本人認証情報を複数の金融機関で使えるようにするサービス．電子化されたデータセットは監査証明付きで KYC に有効．

Vizor 当局の行うオフサイトモニタリングレポートの収集やその加工，分析，検証をウェブポータルのソフトウェアでほぼ自動化するサービス．顧客はカナダの政府，預金保険機構，中央銀行から，ザンビアの年金保険庁まで多彩な顔ぶれである．

5

FinTech イノベーションの今後

5.1 Beyond エストニア

FinTech サービスは今後ますますボーダーレスになり小口化も進み，24 時間 365 日，リアルタイム化していく．土日祝日に他行への決済や送金が叶うようになるだけでなく，世界中のタイムゾーンをカバーできる 3 極程度のオペレーションを配置することができれば，世界中のどこにいても同質のサービスが展開できる．FinTech が進展していけばインターネットでつながった「国家とは別の国境を越えたクロスボーダーのソサイティー」が形成されていくことも容易に想像できてしまう．

FinTech は人口減少，少子高齢化社会への対応としてなくてはならないソリューションになっていくであろう．そのモデルはすでに欧州の小国エストニアで実現している．

人口 130 万人のエストニアは人口減少 (図 5.1) や資源の少なさをカバーするために 1990 年代後半から国を挙げて IT 化に取り組み，今や e-Estonia と呼ぶデジタル社会を構築している．実質 GDP (図 5.2) を見てみれば 2008 年の金融危機での落ち込みを除けば 1990 年代後半からほぼ右肩上がりのトレンドである．また図 5.3 のように 2010 年以降，就業者数も回復しており，IT 化推進が国の原動力になっているようだ．

国民は 2,048 ビットでつくられた公開鍵暗号を保持した IC チップ入りの国民 ID カードを配布され，それにより政府の e-service を利用する．国民 ID カードは健康保険証，プリペイド交通機関カードとしての機能を備える上，本人確認ができるので銀行口座に自宅コンピュータからログインできる．Signwise や SK ID

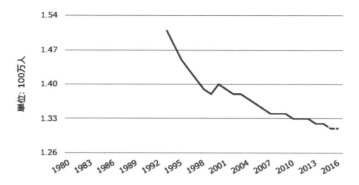

5.1 エストニアの人口の推移 (1980〜2016 年．出典：世界経済のネタ帳 (http://ecodb.net/))

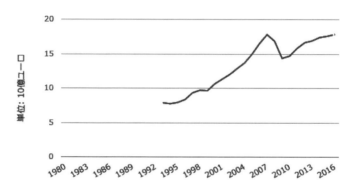

5.2 エストニアの実質 GDP の推移 (1980〜2016 年．出典：世界経済のネタ帳 (http://ecodb.net/))

Solution の技術を使ったデジタル署名で会社の登記，選挙での投票，納税，処方箋のピックアップ，治療記録の閲覧などができる．

また DigDoc システムが社会全体に普及しており，ID カードまたはモバイル ID を使いログインすれば，電子書類に電子署名ができ，紙の書類への署名と同等の効力をもつことができる．契約当事者間で持ちまわり署名することも電子的に容易に完結してしまう．さらに電子署名の対象は文書に限らず，写真，チャット，音声でも可能である．このシステムのヘビーユーザーは公的部門や銀行セクターで，例えば裁判の記録などあらゆるタイプの書類を保管している．

またさらに注目を浴びているサービスは e-Residency であろう．簡単にいえば

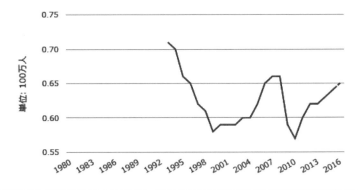

5.3 エストニアの就業者数の推移 (1980～2016 年．出典：世界経済のネタ帳 (http://ecodb.net/))

エストニアの居住者でなくともリモートでエストニアに会社を設立することができるサービスである．スマート ID カードなるものを支給され，それにより e-service を利用するときのデジタル ID やデジタル認証，文書への電子署名や電子承認，文書の暗号化などができる．ステータスは e-Resident と呼ばれる．ただしエストニアに銀行口座を開設できるかは保証されておらず，銀行担当者との面談が必要とされるので，一度はエストニアに出向く必要がある．

エストニアの例では国の人口減少が問題であったが，これを企業の従業員削減や組織の運営人員の不足，あるいは核家族化，少子化などの問題に置き換えることもできるだろう．さまざまな状況でヒューマンリソースの不足を FinTech 技術で補完することができそうだ．またその意味において今や最優先で FinTech による省力化や生産性向上に取り組まなければならないのは，超低金利下で FinTech イノベーションの脅威にさらされている既存の金融機関であろう．

5.2 FinTech 企業と既存の金融機関は競合から共存エコへ

FinTech 企業と既往の金融機関は競合関係から，Win-Win の関係をもたらす共存エコシステムへ移行していこう．一般論として FinTech 企業，特にスタートアップ企業にとっては資本や資金面に不安があり，ビジネスモデルが十分に展開しにくい面がある．資金繰りなどの経営基盤を安定させることができれば，ビ

5.2 FinTech 企業と既存の金融機関は競合から共存エコへ　　167

ジネスにより専念でき，さらには人材も集まりやすくなり，会社が成長していくことが可能になる．本書でも見てきたように P2P やモバイルバンキングなどの FinTech サービスもおおもとでの資金繰りを免許のある金融機関がバックアップし，はじめてビジネスモデルが円滑に機能する．金融機関側も革新的なビジネスやサービスを自社で開発することには限界があり，第三者のよいアイデアは積極的に取り入れたいと思っている．この Win-Win の関係により金融機関の顧客，より一般的には消費者や取引先企業の効用が増加することはいうまでもないだろう．

　ブロックチェーン技術に関しては第 2 章で取り上げたように克服しなければならない課題は多いと思われるが，自律分散型台帳ネットワークという革新的なアイデアであり，パブリック型はまだ時間がかかりそうであるが，プライベート型やコンソーシアム型によるデータ管理や契約管理の領域の進展については，それほどハードルは高くなく実務応用が期待できる．貿易金融，ダイヤモンドの売買，KYC にかかわる個人情報，反社情報の共有などすでに実例もある．各種契約や認証，トレーサビリティー，既往症やカルテ，配送記録，貸出記録などの情報を改ざんできない分散型データベースで共有し，リアルタイムで逐次アップデートしながら関係者が安全に利用するというニーズは高い．ブロックチェーン上の情報のプライバシーのための暗号化やブロックチェーン同士の結合についても進展していくであろうし，暗号技術についてもエコの観点から計算量的に安全を保証する暗号から情報理論的に安全な暗号へのイノベーションに期待したい．

　ビッグデータを利用した AI やディープラーニング技術については，すでにかなり社会に浸透している．一個人について，パソコンや携帯電話でのウェブサイトの閲覧，SNS のメンバーシップ，投稿，消費履歴さえあれば，学歴や収入などの情報がなくとも，その人物の信用リスクが判定できる時代になりつつある．これに職業，収入，画像データ，遺伝子情報が加わればその人物の生涯すら予測できてしまうのかもしれない．これらの解析学習技術にはハード面での発展が欠かせないが，公共的に使えるデータの整備・充実が不可欠である．

　またアプリケーションに関しては，大量のデータセットをワンタイムで解析学習し，特定のビジネスの専用モデルをつくっていくような独立学習型から，マルチ学習で経験的に認識を高め，汎用性を高めていくような人間の学習に近いモデルや，群知能のような個々が集合の中でどのようにふるまえば効率的なのかを解析する組織行動モデルへと高度化していくことが期待される．ブラックボックス

でもある AI への過信はリスクであり，解釈が比較的容易な統計モデルなどのチャレンジャーモデルとの併用や意図的に外れ値を試してみてどのような結果が出るかを検証するストレスデータテストなどが，リスク管理上必要となるだろう．

5.3　情報セキュリティの格付サービスが求められる時代に

　1990 年代から発展してきたインターネットは今や，そして今後も = 社会基盤，インフラであろう．モバイルビジネスを支える電波通信技術の進展も，インターネット同様重要なインフラとみなせるだろう．自然災害，その他の要因により電気の供給が止まりインターネットやモバイル通信が不通となれば，社会はたちどころにまひしてしまう．その状況において金融機関には資金や現金繰りのバックアップ機能が求められる．インターネットやモバイルの利便性は高いが，一方で携帯電話やパソコンを経済的，心身能力的，信条やポリシーなどの理由で活用しない人々[1] に対しては，金融サービスの断絶が起こる状況となる．そのようなグループに対する金融サービスの仲介機能も金融機関に求められる時代となるであろう．例えば自宅にインターネットやコンピュータ機器のない人でも銀行の店舗に来てサポートを受けながら FinTech 金融サービスを利用することができたり，そういったサービスへ銀行のウェブサイト経由で安全にアクセスすることができるようになれば顧客の利便性は高まる．IT に親和性のある人，また，ない人に対しても，金融機関は API 戦略を全面的に進めながら銀行機能を取り巻くFinTech エコシステムのハブとなり，フィナンシャルライフのコンシェルジェとしての役割にシフトしていくことが求められていくのではないだろうか．

　そこにおいて将来的に必要になってくるのが，情報セキュリティの格付サービスであろう．債券の信用リスクに対する安全性評価，車のボディ構造の安全性評価と同様に FinTech サービスのハッキングや情報喪失などに対する安全性評価についても第三者の公正な評価が求められる時代になろう．資産や権利の帰属，契約の証明や有効性はもとより，個人のプライバシー情報や秘密情報など，未来の社会はデジタルデータがいわば自分自身であり，自分の財産もその構成要素にすぎない．革新的な利便性の高いソリューションやサービスであっても，それによっ

---

[1]　IT 難民と呼ばれることがある．

て財産を失ったり，自身の安全が確保されないリスクがある限り，リスクとリター
ンの判断が求められるところとなる．笑い話になればよいが，デジタルデータが
なければ他人に対して自分が自分であることを証明することすらできなくなるだ
ろう．そのような社会に IT の専門家ではない一般顧客は客観的なベンチマーク
がなければ判断のしようがなく，インターネット上で後にも先にも進めずサービ
スの利用を断念してしまうのかもしれない．繰り返しになるがこの情報セキュリ
ティの格付は今後 FinTech が発展していくために克服しなければならないハード
ルの１つであろう．

5.4 既存の金融機関の存在意義は？

これからの人々はスマホを使いこなすスマホ世代の若者に象徴されるように，
日常生活のあらゆる局面において慣れ親しんだスマホを活用することにますます
傾倒していくことになろう．当然に金融機関へのアクセスもスマホを通して行う
ので，もはや店舗という言葉はビジネス戦略上大した意味をなさないのかもしれ
ない．今後金融機関は店舗スペースやレイアウトの大幅な見直しに迫られ，スマ
ホ顧客をターゲットとした FinTech 力を高める必要に迫られ，店舗が少ないほう
が経営上も優位に立てる可能性すらある．

また，本書で紹介してきたように主としてカテゴリー２に属する FinTech 企業
は既存の金融機関の業務をさまざまな切り口で代替する利便性の高いサービスを
展開し，ついには免許を申請しその地位に取って代わろうとしている．その状況
において既存の金融機関の存在意義はあるのか？と問わざるをえないだろう．そ
の答えは Yes であり，それこそが表 5.4 に示すような公共性，信用力，安定性，安
全性，拡張性といわれているもの，すなわち有事のバックアップ機能，資本によ
る信用力，決済機能，リスク分析機能，金融サービスの仲介機能であり，登録金

（ア）公共性	⇔	有事のバックアップ機能
（イ）信用力	⇔	資本力による信用力
（ウ）安定性	⇔	大もとの決済機能
（エ）安全性	⇔	リスク分析・管理能力
（オ）拡張性	⇔	金融サービスの仲介機能

5.4 金融機関に求められる要件と存在意義

融機関として何世代にもわたり家系や企業，プロジェクトやインフラ事業，また公共部門の経済活動を保護していく役割を果たしていけることの要件であり，存在意義であろう．FinTech の進展によりその方向性は強まることはあっても，弱まることはなく，より明確化していくものと思う．

5.5 XX 年後に生まれて

XX 年後に生まれた彼はクルマを運転していた．ハンドルを握っていないので無人運転と言ったほうが正確だろう．「15 分以内で行ける Sushi レストランに母と行きたい．母をピックアップしてからオフィスまで来て．」とスマホでリクエストしてからそれほど時間はたっていない．シェアリングステーションから来たクルマは彼の好みのレストランを選び出し，IoT でカウンター席の予約をしながら，途中母親をピックアップして彼のオフィスのあるビルの車寄せで静かに依頼人を待っていた．「さあ，出発して．」音声認証で彼が乗り込んだことを確認すると注意深く発進し公道に出た．「ハイ，AI バンク，時間が 10 分しかないんだけど最新の資産状況について報告してくれないか．」ナビの画面に人気女優似のバーチャルな担当者が映し出された．「資産ポートフォリオについてご説明いたします．この度の原油価格の上昇による影響は……．」と身振り手振りでポートフォリオのパフォーマンスと今後のアロケーション方針を説明する．「ありがとう．賃貸契約が更新時期なので，今より条件のいいアパートメントがあるか調べておいて．ついでに今最大限借りられる住宅ローンの金額も．」と依頼し，終了のコマンドを押した．「かしこまりました．」担当者は画面の向こう側でお辞儀をすると消えた．彼には何の不満もない．AI が見つけてくれた最も活躍できると判定された仕事についているし，病気になっても最適な治療を AI が見つけてくれる．マイニングでたまった暗号通貨もある．なにより来週には AI が最適な伴侶を世界中から探し出してくれることになっている．まさに大船に乗った気分だ……．

6

カテゴリー別企業・サービスリスト

　本章では，本書の冒頭で示したカテゴリー分けに従い，さまざまな FinTech 企業やそのサービスをリスト化し，それぞれのビジネスやサービスの概要をまとめた．読者の日常生活・日常業務へ，FinTech 企業・サービスがどう影響するのかを考えるヒントになれば幸いである．

6.1　カテゴリー1：既存のサービスをサポートするもの

[API 管理]

Apigee　API をクラウドで管理し，API との連携をスムーズに行えるサービスの提供．

Meniga　豊富かつ柔軟な API を提供．銀行システムの高度化を可能とする．

Yodlee　アカウントアグリゲーションサービスの提供．資産管理向けシステムを提供する Envestnet に買収され，クラウドベースの金融 API プラットフォームサービスを提供．1万5,000 のデータソースにアクセス可能．

[ポータルサイト]

Coverfox　保険契約の比較および加入をオンラインでサポートする保険比較ソリューションの提供．

Policybazaar　生命保険をはじめとする各種保険の総合ポータルサイトの運営．生命保険の比較を行える．

VivaReal　不動産ポータルサイトの運営．不動産のマーケット価格を知ることができる．

[ユーザー管理]

Avoka　オンボーディング支援サービスの提供．顧客のオンライン申請の際の項目入力負担を計測し，ウェブサイトの改善を提案する．

Okta　企業向けのクラウド ID 管理サービスの提供．シングルサインオン機能を備える．

[家計簿・資産管理]

Addepar　クラウドベースの顧客資産管理サービスの提供．投資家とアドバイザーが手軽にエクスポージャーにアクセスできるシステムを開発．従来は数日を要したプロセスの大幅短縮に成功．

Backbase　UX プラットフォームの提供．既存口座と連携し，口座の状況確認，支払，予算と貯蓄目標の設定，取引のカテゴリー分けなどが可能．

EarnUp　無料の家計簿管理・債務返済支援アプリの提供．借金を一括管理し，自動で借金返済を行うことができる機能を備える．

Meninga　アカウントアグリゲーターの提供．口座管理，ローン残高や取引履歴の確認が可能．

mint　個人資産管理・自動家計簿の元祖．アカウントアグリゲーションに加え，予算管理や支払予定などの資産管理機能を備える．

MoneyForward　自動家計簿，資産管理ツールの提供．既存の預金口座や証券口座と連携し，資産管理をしやすくする．

Nubank　MasterCard Platinum 専用の支出管理支援モバイルアプリの提供．

Plaid　アカウントアグリゲーターの提供．支出記録や詐欺の検出機能を備える．

Qapital　ミレニアル世代向け家計支援アプリの提供．実際の支払額よりも多くのお金を引き落とし，差額分を貯蓄として貯めていく．

Wealth Access　個人投資家とアドバイザー双方に向けた PFM ツールの提供．

[会計]

Confirmation.com　監査人・会計事務所向けオンライン監査確認サービスの提供．

freee　オンライン会計ソフトの提供．借方・貸方の概念を使わずに，誰でも簡単に自動経理ができる．

Gusto　中小企業向け給与支払，税，健保，年金支援などのサービスを提供．

Merry Biz　中小企業向け会計・経理クラウドサービスの提供．レシート，領収書などを封筒に入れて投函するだけで，1 週間以内に使っている会計ソフトに合わせた経理データが届く．

Xero　中小企業向けオンライン会計ソフトの提供．キャッシュフローをリアルタイムに見ることができる．

6.1 カテゴリー1:既存のサービスをサポートするもの　　　173

[株マーケット]

Calastone 投資家や企業向けに，STP (Straight-Through Processing) 化した取引ネットワークを提供.

eToro 世界最大のソーシャルトレーディングを展開. 自分が選んだ投資家の投資銘柄をコピーし，銘柄を自動売買できる. コピーされた投資家は利益が出た場合に報酬を受け取る仕組み.

IEX 高速株式トレードプラットフォームの提供. SEC の承認も取得済み.

SelfWealth オーストラリア証券取引所の売買を一律9.5豪ドルの手数料で行えるサービスの提供. ほかの投資家のポートフォリオと自分のポートフォリオを比較することができる機能を備える.

Stockpile 好きな株を手数料99セントで少額から買える端株取引を主体としたサービスの提供. 世界で初めて株式のギフトカード化を行った.

Xignite Web API を利用したリアルタイムマーケットデータの提供.

[機械学習]

AlphaSense 投資家用文書サーチエンジンの提供. 同社の検索データベース，1,000以上の証券会社，3万5,000以上の公営企業などの外部情報など，顧客の社内で使用されているコンテンツアルゴリズムに対応する. また，検索機能では，最も関連性の高い情報を合理的に発見・トラッキングする自然言語処理と検索技術を活用している.

Dataminr Twitter などの公共データの機械学習によるアラートサービスの提供. 膨大なツイートの中から速報ネタを探し，メディア関係者に，信頼できるツイートをリアルタイムで知らせる.

Digital Reasoning テキスト・音声マイニングアルゴリズムによりアダルトネット広告など子供に悪影響のあるサイトを問題ないものにコンバートするシステムを開発.

GlobalIDs データ管理ソリューションの提供. レポジトリ作成，統計的解析，データリネージなどを自動化. セマンティック技術を使用し，データの意味合いを自動分析することができる.

SecondXight クラウド DWH (Data WareHouse) の構築や機械学習の支援サービスを提供.

Social alpha 機械学習や自然言語処理システムを活用したビッグデータ解析により，投資家などに向けてマーケット情報を配信. 投資機会とリスク軽減に貢献.

[住宅ローン]

MFS　住宅ローン借換の試算アプリの提供．書類審査もアプリでできる．ローン条件の提示は事前に借り手が行う．

[認証機能]

BioCatch　スマホのタッチスクリーンと加速度計によるユーザー認証システムの提供．銀行やEC企業がオンライン詐欺を防ぐのに有用．

Jumio　カメラによる認証システムの提供．クレジットカードや免許証と統合させて個人情報をすばやく登録できる．

Liquid　指紋認証機能を搭載し，軽減税率にも対応したレジアプリ，LIQUIDレジを提供．タブレット端末にインストールし，すぐに利用できる．指紋センサーを使用すればカード不要，現金不要の「手ぶらで決済」を実現できる．

miiCard　オンラインでの個人身元確認および権限付与サービスを提供．

Pocketbook　行きつけの美容室・店舗・施設のいつもの予約を事前に登録すると，次回から3タッチで簡単に予約ができるアプリ．

SecureKey Technologies　パスワードを使わないオンライン個人認証プラットフォームの提供．

Trunomi　顧客自身が入力・管理する本人確認情報を複数の金融機関で使えるようにするサービスの提供．電子化されたデータセットは監査証明付き．住所変更があった場合，金融機関はシステムから顧客情報を受け取り，最新の状態にアップデートすることもできる．

[不正対策]

Behavox　従業員の行動を把握し，コンプライアンス違反やマーケットへのレピュテーションリスクなどを軽減させるサービスの提供．

ComplyAdvantage　AML/CTF領域における高度化支援サービスの提供．

Qumram　デジタルインタラクション・コンプライアンス違反や詐称行為を防ぎ，顧客サービスの向上につなげるサービスの提供．

Signifyd　クレジットカードの不正検知アルゴリズムを開発し中小のECサイト事業者向けに，商取引を行った人が本人であるのか確認するソリューションを提供．アルゴリズム不正利用やチャージバックのリスクを軽減する．

Trulioo　Facebook Connect経由で接続しているアカウントをすべて調べ，本物の人間である確率を求めるサービスの提供．企業が偽アカウントに対してマーケティング費用を投ずる無駄を防ぐ．

6.2 カテゴリー2：既存のサービスを変革するもの 175

[信用スコア]

Credit Karma クレジットカードの情報を登録すると，支払履歴からそのカードの信用情報 (クレジットスコア) を判定できるサービスの提供．クレジットカード利用率の高い米国では，クレジットスコアがカード取得の可否，ローンの金利，部屋の賃貸，就職活動まで生活のあらゆる場面で影響を与える．

Wecash 消費者と銀行を取り持つオンライン信用力審査プラットフォームの提供．

[RegTech]

Tradle 当局もブロックチェーンのノードとなり，ブロックチェーン上でKYC情報を共有するサービスの提供．

Vizor 当局の行うオフサイトモニタリングレポートの収集やその加工，分析，検証をウェブポータルのソフトウェアでほぼ自動化するサービスの提供．

[ビッグデータ]

Saffron ビッグデータ管理サービスの提供．コグニティブ・コンピューティング・システムの開発．インテルによって買収された．

Yseop ビッグデータ管理サービスの提供．自然言語生成ソフトウェア，Yseop Savvyなどを提供．

[ローン返済支援]

Salary Finance 所得中間層の借金返済をより早く進めるためのアプリを提供．高所得者層が低金利で借入を行えることが格差の拡大につながっているとし，是正に取り組んでいる．

[銀行サポート]

Personetics 銀行サービスのサポートアプリを提供．顧客ごとのニーズに応えやすくするサービスが満載．

Vortex 太陽光発電を利用したローコスト，低消費電力 (60 W) の ATM の開発．

6.2 カテゴリー2：既存のサービスを変革するもの

[オンラインバンキング]

Atom Bank 店舗をもたないアプリ銀行．生体認証 (顔，声) 機能を備える．

ebankIT スマートフォン，タブレットはもちろん，SmartWatch，TV，KIOSK 端末，SmartGlass と連携してブランド一体となった金融サービスを提供．

Fidor Bank 支店をもたないオンライン銀行．ドイツで銀行免許を取得している数少ないスタートアップ銀行の 1 つであり，従来型のバンキングを一から見直すことができる事例． [☞ 1.1.5 項]

JD Finance 消費者金融，クラウドファンディング，保険や証券を低コストで扱う金融プラットフォームの提供．債務者の格付を付与する米国企業と提携してオンラインでバンキングサービスを展開．

Kabbage 中小企業および個人への無担保ローンを提供．

MOVEN オンラインバンキングカードによる決済サービスの提供．小遣い帳機能を備える．

N26 N26 自体は「銀行」ではないが，Wirecard Bank という銀行と提携していて，ネットバンクのように使えるサービスを提供．

Prospa 中小企業向けローンの提供．

SIMPLE オンラインバンキングサービスを展開．ほかの銀行に比べて低い預金金利設定の一方で，すべてのサービスの手数料が無料．無店舗ビジネスを展開し，スマートフォン，VISA デビットカード一体型のキャッシュカードいずれかで利用が可能．

Tyro EFTPOS 機能というデビットカードの一種を売りにしたクラウドベースの次世代銀行．

WeLab オンライン融資プラットフォームの提供．

[クラウドファンディング]

Avant ビッグデータ，機械学習アルゴリズムを備えたオンラインレンディングプラットフォームの提供．銀行から見落とされたミドルクラスの消費者を対象に，個人ローン，カードローン，自動車ローンなどを展開．

BLender P2P レンディングプラットフォームを提供．

CircleUp 未公開ベンチャー企業を対象にした投資型クラウドファンディングプラットフォームの提供．

Credithood 中小企業向けのクラウドファンディングプラットフォームの提供．

Crowdcube 英国最大級の企業向けクラウドファンディングプラットフォームの提供．実績として 100 社が 6 万人の投資家から約 34 億円の資金調達．

Crowd Mortgage P2P モーゲージローンプラットフォームの提供．住宅ローンをソーシャルレンディングで調達する機能を備える．

Equitise プラットフォームを利用して投資を受けられるクラウドファンディングソリューションを提供.

Funding Circle ソーシャルレンディングプラットフォームを提供.

Fundable 購入型のクラウドファンディングプラットフォームの提供. KickStarter などのサイトに UI が似ている. 認証された投資家にならないと詳しい内容が見られないが, 読み物コンテンツなどの配信も行っている.

Fundrise 収益不動産のクラウドファンディングプラットフォームの提供.

KickStarter 自社のウェブサイトにおいてクリエイティブなプロジェクトに向けてクラウドファンディングによる資金調達を行う手段を提供.

Lending Club P2P レンディングプラットフォームを提供. ［☞1.1.6 項］

Lufax ウェルスマネジメントプラットフォームの提供. 投資, ファイナンス機能あり.

maneo 日本初のソーシャルレンディングプラットフォームの運営. 国内シェア 50% 以上.

MyMicroInvest 2011 年設立. ベルギー最大のクラウドファンディングプラットフォームの運営. ポーランド, スイス, イタリア, フランス, およびオランダなど欧州の国に広がっている. ライブイベント方式で時間内に投資者向けにネット中継で事業紹介ができる.

OurCrowd 1 万ドルからのクラウドファンディングプラットフォームの運営.

Property Pertner レジデンス物件に対するクラウドファンディングプラットフォームの運営.

Prosper 2,000〜35,000 US ドルの範囲の P2P レンディングプラットフォームの運営.

Rate Setter P2P レンディングプラットフォームの運営.

Renrendai P2P レンディングプラットフォームの運営.

Seedrs スタートアップ企業への投資を仲介する株式クラウドファンディングプラットフォームの運営.

SocietyOne P2P レンディングプラットフォームの運営. 個人ローンの提供も行っている.

SyndicateRoom 少額のクラウドファンディングプラットフォームの運営. バリュエーションサービスや案件ごとの上位投資者が追随可能.

Zopa 個人向け P2P レンディングプラットフォームの運営. 年利は 3.2〜34.9%.

[マッチングブローカー]

Cadre 収益性不動産持分の仲介プラットフォームと不動産マッチングサイトの運営.

従来よりも手数料が低く柔軟な対応ができる.

Fundera 中小企業向けローン比較支援サービスの提供. オンラインローンブローカー.

Knip 保険契約ができる個人向けモバイルアプリの提供.

Rong360 金融サービスのリサーチプラットフォームの運営. 銀行借入やクレジットカード関連の専門検索サイトも運営.

TransferWise クロスボーダーペイメントマッチングアプリの提供. 実勢の為替レートを使った隠れコストがない, 早くて安い海外送金を実現. 海外送金に掛かるコストを最大 90% 安価にする.

[ローン]

Acorns カード口座からの引き出しや預金の際に端数の小銭を取って投資に回すサービスの提供.

Activehours 給料日前に経過部分を現金化するサービスの提供. ユーザーは同サービスを利用することで給与を支払日前に現金化することができ, その資金を予期せぬ車の修理費用や, 期限が迫った支払などに充てることができる. 銀行や高金利の給料担保金融業者とは違い, 厄介な当座貸越手数料を支払う必要もない. このサービスには金利もかからないが, Activehours のサービスに満足したときには, ユーザーに任意の寄付を求めている.

AngelList スタートアップ企業に投資したエンジェル投資家が自らの投資実績を公開し, 投資してもらいたい起業家が株主情報を実名で公開するサービスの提供. エンジェル投資家がほかのエンジェル投資家に呼び掛けてシンジケーションを組成することもできる.

CUneXus モバイルバンキングを入口とする自動車購入と自動車ローンの提供. ローン事前審査完了済の顧客に対して自動車探しと購入, 下取り, 自動車保険購入までを, API によるリアルタイム異業種連携によって実現する.

Earnest FICO などを使わない merit-based のスコアリングでパーソナルローン, 学生ローンを提供. 債務の証券化を目的としているが, 健全なビジネスプランに基づいて, テクノロジーによってそれを論理的に進化させる方法を実践している.

Fundbox 中小企業向けに請求書の現金化を可能とするサービスの提供. 請求書は通常, 翌月や翌々月などが入金期限として設定されるが, この入金期限までの間, 発行者となる請求者はすでに発生している売上に対して, 一時的な貸付を行う.

Jimubox 資金調達プラットフォームの運営. 主に中国の中小企業向けのローンを提供する.

Kueski ビッグデータ, 機械学習アルゴリズムによるインスタント消費者ローンの提供.

6.2 カテゴリー 2：既存のサービスを変革するもの　　　　179

Lendix　中小企業向けローンプラットフォームの運営.

LendUp　15 分以内で審査ができる消費者ローンクレジットサービスの提供. スコア
の低い人向けの少額ローンの提供.

Moula　6 か月から 12 か月の期間で 250,000 豪ドルまでのローンをすばやい承認プロ
セスで提供.

OnDeck　ビッグデータによるクレジットモデルを使用した中小企業向けローンの提供.

PINTEC　ビッグデータ, 機械学習アルゴリズムによる消費者ローンの提供.

Qufenqi　分割払いプラットフォームの運営. 主に中国の学生や専門職の人々向けに提
供. ウェブサイトから商品を購入する際, 頭金の額および返済期間を選択するこ
とができる.

Sofi　学生ローンのリファイナンス支援サービスの提供. 固定金利で, 失業補償や就職
活動支援なども行う.

Valuto　企業向けにオンラインで請求書の即時入金サービスを提供. 口座は多通貨で
管理され為替取引も可能.

Wonga　5 分以内の承認プロセスによる 50〜400 ポンドの小口超短期高利オンライン
ローンの提供.

[機械学習]

Numerai　機械学習サイエンティストのコンペ上位モデルを採用していく次世代ヘッ
ジファンド. ディープラーニングや機械学習などを使用するデータサイエンティ
ストによる集合知により, 株式市場に投資するコミュニティ型. ビットコインで
収益を還元する. データサイエンティストは, プロフィールやアルゴリズムなど
を Numerai に一切明かさず匿名で参加できる.

TrueAccord　機械学習アルゴリズムを使った効率的な債権回収サービスの提供. 行動
分析学に基づく.

[決済]

Adyen　End To End のマルチチャネルペイメントシステムの提供. 国際的な決済サー
ビスプロバイダーであり, アムステルダムとサンフランシスコに本社をおく.
Apple の Apple Pay や中国の Alipay, コンビニ決済など, 250 種類以上の決
済方法に対応. 近年はオムニチャネルに取り組み, オンラインに加え, オフラ
インでの取組みも強化している.

Affirm　POS ローン商品, ミレニアル世代のクレジットヒストリーを作り, 独自の与
信方法で EC サービスに対して分割払いの仕組みを提供.

Ant Financial　Alipay のプラットフォームの運営，ウェルスマネジメント，クレジットスコアリング，クラウドサービスの提供．アリババグループが提供する中国最大規模のオンライン決済サービス．

Aztec Exchange　途上国向け受取債権担保金融．モルガン・スタンレーと HSBC によって設立された中企業向けのサプライチェーンファイナンスの提供．

C2FO　2 日以内に決済する小売とメーカーのマッチングアルゴリズムによって決済サービスをスピーディかつ低コストで提供．小売とメーカーの双方の経費削減に貢献する．

Credorax　各種 EC 事業者向けにオンライン決済処理とアクワイアリング・バンクサービスを実現するソリューションを提供．

Dwolla　個人や企業間において，クレジットカードなどを使用しない独自の決済ネットワークを提供．利用者は Twitter や Facebook などの SNS の ID やメールアドレスを使用して，リアルタイム送金を行うことができる．当初は 1 トランザクションあたり 0.25 US ドルが課金されたが，2015 年 6 月に手数料が撤廃された．

Fastacash　グローバルの送金プラットフォームの運営．SNS を通じた迅速かつ安全な世界中への送金サービスを提供．

GoCardless　オンライン上でクレジットカードなどを介さない直接送金のインフラを提供．公共料金の支払いなどに利用される口座振替は，銀行側で口座から直接現金を引き出して，依頼者の口座に振り込むため，クレジットカードなどよりも手数料が安価．

iZettle　iPhone，iPad 専用のクレジットカード決済用 POS システムを提供．

Klarna　個人向け無利息の後払いサービスの提供．E メールで申請ができる．EC 事業者が配達完了後に実際に決済する．

Numoni　安全で簡便・利便性の高い決済サービスの提供．銀行口座をもたない人でも送金を可能にすることが狙い．

Osper　若者向け決済アプリの提供．モバイルバンキングサービスも提供している．

Payoneer　クロスボーダー・ペイメント・プラットフォームの運営．わずか 2% 以下の手数料で国際商取引の外貨代金受取専用アカウントを利用し，世界中の取引先企業から自国通貨で資金を受け取れる．

PayPal　元祖 Fintech 企業．クレジットカード取次サービスの提供．

PayRange　小型デバイスを自動販売機に接続すれば，スマホによるモバイル決済ができるサービスの提供．

PromisePay　オンライン決済サービスを提供するための API を提供．

Revolut　世界的に有名なイギリスの電子マネー発行会社と提携し，さまざまな通貨で

決済ができるモバイル決済アプリを提供.

SlimPay　API を利用した決済サービスの提供. 少額の定期的な料金回収などに対応した銀行口座引き落としプラットフォーム.

Square　小売向け売上支援システムからはじまり, 送金や注文, 融資までサービスを拡大している. スマホのイヤホンジャックにリーダーを挿すことでカード決済を可能にするサービスも提供. 別途端末を必要とせず, 在庫管理やディスカウントと税金の設定, freee や COREC, Super Delivery などの外部ソフトとも, Square API を通じて簡単に連携. ビジネスに即したツールとしてカスタマイズも. Square インボイスですばやく, 簡単に請求処理を行い, 作成された勘定書は直接顧客の受信箱へ送信してくれる. 手数料は勘定書の額面 3.25%.

Stellar　ブロックチェーンを使い 120 か国に迅速に 1 セント単位で送金ができるローコスト送金サービスを提供.

Stripe　小売用のプラグインオンライン・ペイメント・デバイスの提供. 10 分以下で決済申請ができ, 130 か国以上の通貨で, 顧客からの支払いを受けられ, クレジットカード以外の銀行・デビット振込, 現地の決済ウォレットや仮想通貨にも対応.

Sum up　専用リーダーを使ってカード番号を読み取るスマホ決済サービスの提供. 決済手数料は 1.95%.

The Currency Cloud　楽天からの出資を受け, SAP の顧客企業に国際送金サービスを提供. 2012 年, イギリスで投資銀行出身の N. Verdon 氏が創設した FinTech 系スタートアップ企業. クラウド型 SaaS モデルによるサービスの提供. 国際決済専用エンジンと開発者向け API による B2B 事業が柱.

Yoyo Wallet　送金, レストラン予約, リワードプログラムを備えたモバイルウォレットサービスの提供.

[投資運用]

Betterment　ロボットアドバイザーの提供. ETF ポートフォリオ 0.15%手数料でアルゴリズムによるプライベートバンキングサービスが利用できる仕組み. 証券口座などと同期し, 設定したゴールに従ってベストな投資ができる.

Ellevest　第 2 世代ロボットアドバイザーの提供. 男性とは異なる所得ピークや寿命の長さなど, 女性の経済面での特徴をアルゴリズムに組み込んだ投資プラットフォームの提供.

Estimize　金融関係の情報プラットフォームの提供. ファンダメンタルズなどを buy-side と sell-side の両側面から分析して提供.

Future Advisor　オンライン上で個人の税金やリスク指向に合わせた投資サービスを

自動で行うロボットアドバイザーの提供.

LearnVest　個人資産運用管理，FP オンライン上で顧客のポートフォリオ診断を無償で提供．後の対面での有償アドバイスにつなげる．

Market Riders　個人退職金積立計画の策定支援などを行うサービスを提供．

Motif Investing　個人向け小口投資運用サービスの提供．自分の興味のあるテーマや株式に投資したいという人に低コストでテーマ型ポートフォリオや，投資家が自ら motif を登録しクレジットを受け取ることができる仕組みを提供．

Personal Capital　個人向け資産管理モバイルアプリの提供．個人がどこからでも自分の投資や銀行利用や個人金融などを，ウェブやモバイルアプリからワンストップで管理できる．

Quantopian　DIY 投資家向け投資アルゴリズムの提供．クラウドベースのアルゴリズムトレーディングが可能．ユーザーはブラウザで専用の開発環境を使って Python のようなコードでトレーディングアルゴリズムを作成し，バックテストを行うことができる．Interactive Brokers 証券に口座を開設し実際にトレードを行うこともできる．

Riskalyze　FP 支援用投資リスク分析ソフトおよびロボットアドバイザーの提供．投資アドバイザーがクライアントに対して運用アドバイスをする際，そのリスクを定量的に分かりやすく明示してくれるサービスを提供．

Robinhood　無料モバイル株式トレードサービスの提供．頻繁に取引を行う投資家に対してマージン取引を提供し，取引の 3.5% を利益として得る．

SigFig　モバイル金融資産管理ツールを提供．証券アカウントと連動した自動ポートフォリオ作成サービスの提供．

Simple Wall St　ビジュアライズ機能が豊富な株式データアナライザーサービスの提供．将来のパフォーマンスも予測できる．

Stockspot　オンライン投資アドバイザーの提供．投資額が 1 万豪ドル以下の人でも年率 1% 未満の低料金．リスク許容度に応じて 5 パターンのモデルポートフォリオがある．

Symphony　月額 15 US ドルで利用できる Bloomberg のような総合情報アプリの提供．

Upside　ロボットアドバイザーに対抗する FP のためのホワイトラベル型投資アドバイスプラットフォームの運営．マスアフィリエイトをターゲットにしたポートフォリオセレクション，システムトレード&リバランス，クライアント管理機能などを備える．

Wealthfront　1 万 US ドル以下は無料のロボットアドバイザー自動投資サービスの提供．1 万 US ドル以上は一律 0.25% ときわめてシンプルな料金体系．また友達

紹介キャンペーンがあり，1人紹介するごとに5,000 US ドルが追加で無料になる仕組み.

お金のデザイン　ロボットアドバイザーによる ETF ポートフォリオ構築サービスの提供．9つの質問に応えることで，自分だけの最適なポートフォリオを提案してくれる．

[不動産]

Point　住宅保有者へのエクイティ出資を行い賃貸と購入のタイミングを自分で選べるサービスを提供．

Wealth Migrate　不動産投資ポータルサイトの運営．マーケット価格がわかる．

[保険]

Collective Health　ヘルスケアサービス従業員の医療保険にかかる費用を削減する中小企業向けのサービスを提供．

Friendsurance　ユーザーを小さいグループに分け，グループごとに無事故だった場合には年末にキャッシュバックを行う仕組みの保険の提供．

Metromile　車搭載分析器付きの安価な自動車保険専用の無料アプリの提供．車に不具合があれば報告し，駐車した場所を教え，通勤時間を最短にするルートと時間帯を知らせて燃費を最適化できる．

Oscar　健康保険システムの運営．医療保険，病院検索とヘルストラッカーがセットになっており，歩いた歩数でインセンティブもある．

ZhongAn　ワイドレンジのインターネット専用保険会社．AI，ブロックチェーン (Blockchain)，クラウド (Cloud)，データドリブン (Data-driven) を主眼においた「ABCD 計画」を発表している．

[その他]

dv01　P2P ローンのパフォーマンストラックの提供．

Kensho　ビッグデータ解析サービスの提供．

League　ヘルスケアシステムの提供．

Metamako　インテル®FPGA の機能により，1つのデバイスでタッピング，集約，タイムスタンプのすべてが可能になるため，ネットワークが簡素化され，資本コストが削減されるサービスの提供．

Orchard Platform　P2P ローンのセカンダリー市場ソーシャルレンディングのリスクを把握して投資家に紹介するサービスの提供．

Traity SNS, AirBnB, Facebook, オークション, レビューなどのオンラインでの「自分の評判」を独自の評判パスポートに変えるサービスの提供.

Trumid 債券取引用プラットフォームの運営.

6.3 カテゴリー3：既存のサービスの及ばない領域を開拓するもの

[暗号通貨ブロックチェーン]

bitFlyer 暗号通貨取引所.

BitPay ビットコイン建てでの決済代行業者.

Chain ブロックチェーンのインフラサービスの提供.

Circle ビットコインほかの暗号通貨の無料送金ツールを提供.

Coinbase 暗号通貨取引所.

Colu ビットコインのブロックチェーンに便利なメタデータ層をつけて多様なアプリケーションを可能にするサービスの提供.

Elliptic ビットコイン不正監視, ブロックチェーン諜報ツールを提供.

itBit グローバルと店頭のどちらにもアクセスできるビットコイン取引所.

Ripple 暗号通貨のプラットフォーム上のクロスボーダー決済ネットワークの提供.

Xapo 暗号通貨をオフラインで貯蔵する金庫サービスとウォレット, ビットコインデビットカードの提供.

[API]

Bankable ホワイトラベル (Banking as a Service) のリアルタイム決済基盤を提供.

[モバイル送金サービス]

Safaricom モバイル送金サービス, M-Pesa. モバイルデバイスに紐づく決済サービスを提供. ケニアでは GDP の半分程度がこの M-Pesa による取引といわれる.

[☞1.1.7 項]

[中小企業向けローン]

Lendingkart ビッグデータ, 機械学習アルゴリズムによるスタートアップ企業向けレンディングプラットフォームの提供.

Spotcap リアルビジネスデータ解析による中小企業向けインスタントローン (500〜150,000 ユーロ) の提供.

6.3 カテゴリー3：既存のサービスの及ばない領域を開拓するもの　　　185

[マイクロファイナンス]

Borro　高級品を担保にとり貸付を行い，与信審査は必要なく，与信履歴が残らない．商品の委託販売を行うこともでき，融資と相殺することができるサービスの提供．

Kreditech　機械学習による与信モデルを用いた低信用層への消費者ローンサービスの提供．

Pay near me　銀行口座やクレジットカードを使わずオンライン決済を可能にするサービスの提供．米国ではクレジットスコアなどが低く，銀行口座やクレジットカードを保有していない層が一定数存在しており，そのような層を主なターゲットにしている．具体的にはオンライン決済時に決済用レシートを表示し，そのレシートをセブンイレブンなどに提示して現金で支払いが可能．

Qudian　学生やクレジットカードのない人向けのマイクロローンサイトの運営．

Tala　マイクロファイナンスサービスの提供，借り手のスマホの情報より審査判定する．上限500 US ドル．

Zest finance　ビッグデータと機械学習アルゴリズムに基づく低信用層向けローンサービスの提供．ビックデータ解析を用いて，承認率を倍増，デフォルト率を半減させた．

A

早わかり頻出"FinTech"用語集

API Application Programming Interface の略．ソフトウェア開発の際にプログラムを一からすべて書くのではなく，API を用いてもともとあるプログラムを呼び出して利用できる機能．

CDFI Community Development Finance Institution の略．低所得者層や衰退地域のコミュニティ開発を目的に投融資する金融機関．

DAO Decentralized Autonomous Organization の略．分散型自律組織のこと．

EC E-Commerce の略．電子商取引のこと．

EMV Europay International の E，MasterCard の M，Visa の V の頭文字をとったもの．IC チップ搭載クレジットカードの統一規格．

IoT Internet of Things の略．インターネットにさまざまなモノを接続することで通信機能をもたせ，自動認識や遠隔計測などを行うものの総称．

ISMS Information Security Management System 適合性評価制度の略．JIPDEC (情報マネジメントシステム認定センター) が定めた情報資産のセキュリティ管理の枠組み．

KYC Know Your Customer の略．金融機関の本人確認義務のこと．新規口座を開設する際に，銀行から要求される書類手続きなどの総称．

MP Market Place の略．インターネット上で売り手と買い手が自由に取引できる場であり，企業間の B2B 電子商取引を指す場合は e-マーケットプレイスという．

O2O Online to Offline の略．オンライン上での購買活動を実店舗 (オフライン) の購買活動へ結びつけること．

P2P Peer to Peer の略．対等なもの同士が直接つながり，サービスを提供し合うネットワーク上の仕組み．

PFM Personal Financial Management の略．個人財務管理のこと．銀行や証券の口座を一元的に管理し，お金の管理を手助けするソフトウェアの総称．

RegTech 規制 (regulation) とテクノロジーを掛け合わせた造語であり，IT を用いて

規制や法令遵守のあり方を進化させようとするスタートアップ企業やそのサービスを指す. [☞コラム 3]

ReTech 不動産 (real estate) とテクノロジーを掛け合わせた造語であり，IT を用いて不動産関連サービスを進化させようとするスタートアップ企業やそのサービスを指す. 不動産テックともいう. [☞コラム 1]

SNS Social Networking Service の略. 人同士のつながりをサポートするウェブサイトおよび電子機能サービス.

SVM Support Vector Machine の略. 2 クラスのパターン分類をする上で効果的であり，教師あり学習を用いるパターン認識モデルの 1 つ.

UI User Interface の略. 物やサービスと人がうまくコミュニケーションできるように手助けをするデザインや OS のこと.

unbank 銀行 (bank) の派生語. 非銀行取引層のこと. 銀行で口座をもてない人のことを指す. unbanked, underbanked ともいう.

UX User Experience の略. 物やサービスを通して人が得られる体験のこと.

アクワイアラー クレジットカードの加盟店と契約してサービスを提供する会社のこと. イシュアから支払われた代金を加盟店に入金する.

イーサリアム 分散型アプリケーションやスマートコントラクトのためのプラットフォームのこと.

イシュア クレジットカードの発行会社のこと.

エコシステム 本来は生物学の生態系を意味する言葉だが，業界にかかわる複数の企業が協力して業界の収益構造を維持・発展させることを指すのに用いられることもある.

オープンイノベーション 社外の技術力やアイデア，サービスなどを利用して，新たな価値を生み出すイノベーションのこと.

可用性 システムが稼働しサービスを続ける能力のこと. 日本 IBM によって, availability が和訳されたもの.

クラウドファンディング 不特定多数の人からインターネットを通して資金調達をすること.

コグニティブ コンピュータが認識学習すること.

コールドストレージ ビットコインをインターネットに接続していない環境で保管する仕組み. コールドウォレットともいう. 秘密鍵を紙に印字したペーパーウォレットと，USB メモリなどオフライン端末に保存するハードウェア型がある.

サンドボックス 訳せば「砂場」であるが，デベロッパー用の API エンドポイントなどのテスト環境を意味する.

スマートコントラクト　プログラムによって自動的に実行できる契約のこと．ブロックチェーンと組み合わせて使用されることが多い．

ゼロ知識証明　ハッシュ関数などを用いた検証者に知識を漏らさない証明方法．

ソーシャルコマース　SNS，ブログなどと EC を組み合わせて販売を促進する手法．

ハッカソン　プログラマー，デザイナーなどが一堂に会し，一定期間集中的に作業をし，技術やアイデアを競うソフトウェア開発のイベント．ソフトウェアのエンジニアリングを指すハックとイベント参加者が数時間もマラソンのように課題に取り組むことからハッカソンと呼ばれるようになった．

ビットコイン　オープンソースプロトコルに基づく P2P 型の決済網，暗号通貨のこと．

ビットコイン 2.0　ビットコインを拡張した次世代型暗号通貨．通貨以外の権利や契約などを執行，管理できる．

マイクロファイナンス　貧困層向けの小口融資や貯蓄などの金融サービスを提供すること．

機械学習　人工知能における研究分野の 1 つであり，人間の学習方法と同様の機能をコンピュータで実現しようと試みている．マシンラーニングともいう．

B

データの準備

ここでは Python によるデータの取り込みと，分析のためのデータ加工について解説する．

B.1 データの取り込み

Python には CSV などのテキストファイルはもちろんのこと，さまざまな形式のファイルやデータベースからデータを取り込むための関数が用意されている．ここでは，それらの中から代表的かつ実務上利用頻度が高いと思われるものについて，その利用方法を解説する．

B.1.1 テキスト形式データの取り込み

テキストファイルの取り込みについてはいくつか方法があるが，以下では Python の数値計算ライブラリである pandas [65] [66] を用いた方法を示す．カンマ区切りの CSV ファイル (data.csv) を取り込む場合，read_csv 関数を利用する．

```
import pandas as pd
df = pd.read_csv('data.csv')
```

この方法を用いた場合，データは pandas の DataFrame 形式で取り込まれる．DataFrame 形式の扱いについては McKinney [67] が詳しい．

DataFrame 形式のデータを CSV に書き込む場合は pandas の to_csv を用いる．

```
df = pd.to_csv('data.csv')
```

B.1.2 エクセルファイルの読み込み

pandas ではエクセルファイルの読み込みのため ExcelFile クラスが用意されてい

190　　　　　　　　　　　　　B. データの準備

る *1). 使用する際は，まず読み込む XLS ファイルのパスを引数としてインスタンスを
生成する．

```
xls_file = pd.ExcelFile('data.xls')
```

その後，parse 関数を使い，シート名を指定することで DataFrame として読み込むこ
とができる．

```
df = xls_file.parse('sheet1')
```

B.1.3　HDF 形式の読み込み

HDF 形式は CSV などと比べ高速でファイルの読み書きができるため，より効率よ
くデータを保存することができる．pandas には HDF 形式のデータ読み込み用の関数
として read_hdf 関数が用意されている．

```
df = pd.read_hdf('data.h5', key='data1')
```

ここで，read_csv と異なり，必ず key を指定しなければいけないことに注意が必要であ
る．DataFrame 形式のデータを書き込む場合も key を指定し，to_hdf 関数を用いる．

```
df.to_hdf('data.h5', key='data1')
```

HDF 形式では key を指定することで 1 つのファイルに複数の DataFrame を保存する
ことができる．そのため，複数のデータセットに対して繰り返し分析を行いたい場合な
どに，効率よく作業を進めることができる．

　pandas には上記以外にもさまざまな形式のファイルの読み込みに対応している．こ
れらの詳細については pandas のドキュメント [68] および McKinney [67] などを参照
されたい．

B.2　データの加工

　本節では 1.3.3 項で紹介した国土交通省不動産 API のデータを例に，ダミー変数へ
の変換や正規化・標準化といったデータ加工の方法を示す．

---

*1)　同クラスの利用にあたっては xlrd と openpyxl パッケージがインストールされている必要がある．

B.2 データの加工　　　　　　　　　　　　　191

B.2.1　ダミー変数への変換

国土交通省の API から取得できるデータ項目は表 1.20 の通りである．まず，データ項目のうち，数値データが入っているカラム名のリスト (col_numeric) とカテゴリーデータが入っているカラムのリスト (col_dummy) を定義する．

```
col_numeric = ['TradePrice', 'Area', 'TotalFloorArea', '
    FloorAreaRatio', 'Breadth','Age']
col_dummy = ['Type', 'DistrictName', 'FloorPlan', 'LandShape',
    'Structure', 'Use']
```

ダミー変数への変換については pandas の get_dummies 関数を利用すると便利である．

```
data = pd.get_dummies(df[col_dummy], drop_first=True)
```

引数の drop_first を True とすることで，冗長になる最初の 1 項目に対してダミー変数を生成しないように設定できる．

B.2.2　0–1 区間への正規化

元データの尺度を揃えておくことは，分析の前準備において重要なステップの 1 つである．例えば FinTech ライブラリーの続刊，嶋田ほか [36] で説明する勾配降下法という最適化法を用いる場合，事前に入力の特徴量の尺度を揃えておくことで，パラメータの収束速度を早めることができる．

0–1 区間への正規化では入力ベクトル $\mathbf{x}$ の i 番目の要素 $x^{(i)}$ に対し，下式により新しい入力値 $x^{(i)}_{\mathrm{norm}}$ を定義する．

$$x^{(i)}_{\mathrm{norm}} = \frac{x^{(i)} - x_{\min}}{x_{\max} - x_{\min}} \tag{B.1}$$

ここで，$x_{\max}$，$x_{\min}$ は $\mathbf{x}$ の最大値と最小値を表す．scikit-learn の MinMaxScaler インスタンスを用いることで，簡単にデータの変換を行うことができる．

```
from sklearn.preprocessing import MinMaxScaler
mms = MinMaxScaler()
data[col_numeric] = pd.DataFrame(mms.fit_transform(df[
    col_numeric]), columns=col_numeric)
```

B.2.3　標　　準　　化

特徴量を揃えるもう 1 つの方法として標準化がある．Raschka [69] では多くの機械

学習アルゴリズムでは正規化よりも標準化のほうが実用的であるとされている．その理由として，多くのモデルでパラメータ $\mathbf{w}$ の初期値として 0 に近い小さな乱数が使用されることを挙げている．標準化では下式により新しい入力値 $x_{\mathrm{std}}^{(i)}$ を定義する．

$$x_{\mathrm{std}}^{(i)} = \frac{x^{(i)} - \mu_x}{\sigma_x} \tag{B.2}$$

ここで，μ_x，σ_x はそれぞれ $\mathbf{x}$ の平均と標準偏差を表す．正規化と同様に，scikit-learn には標準化用の StandardScaler インスタンスが用意されている．

```
from sklearn.preprocessing import StandardScaler
stdsc = StandardScaler()
data[col_numeric] = pd.DataFrame(stdsc.fit_transform(df[
    col_numeric]), columns=col_numeric)
```

文　　献

1) I. Pollari and W. Mead. H2 Ventures KPMG FinTech100—Presenting the world's leading FinTech innovators for 2016. https://home.kpmg.com/xx/en/home/insights/2016/10/ventures-kpmg-fintech-fs.html.

2) J. Novak. The Forbes Fintech 50 for 2016. https://www.forbes.com/sites/janetnovack/2016/11/07/the-forbes-fintech-50-for-2016/.

3) 総務省. 途上国に広がる「モバイル送金」サービス. 平成 26 年版　情報通信白書, 2014.

4) C. Alexandre. 10 things you thought you knew about M-PESA. http://www.cgap.org/blog/10-myths-about-m-pesa-2014-update.

5) E. Wainaina. 42% of Kenya GDP transacted on M-pesa and 9 takeaways from Safaricom results. http://www.techweez.com/2015/05/07/ten-takeaways-safaricom-2015-results/, 2015.

6) D. Sudi. 7 quick differences between M-Shwari and KCB M-Pesa. https://www.tuko.co.ke/37618-7-quick-differences-m-shwari-kcb-m-pesa.html.

7) P. Mell and T. Grance. The NIST definition of cloud computing, 2011.

8) 丸山不二夫. クラウドの成立過程とその技術的特徴について. 情報処理, Vol. 50, No. 11, pp. 1055–1061, 2009.

9) 林　雅之. イラスト図解式　この一冊で全部わかるクラウドの基本. SB クリエイティブ, 2016.

10) MS, ブロックチェーンサービス「Ethereum Blockchain as a Service」を発表. https://japan.zdnet.com/article/35073375/.

11) M. Chinaka. Blockchain technology—Applications in improving financial inclusion in developing economies: Case study for small scale agriculture in Africa. PhD thesis, Massachusetts Institute of Technology, 2016.

12) G. W. Peters and G. Vishnia. Overview of emerging blockchain architectures and platforms for electronic trading exchanges, 2016.

13) 総務省. ビッグデータの活用が促す成長の可能性. 平成 25 年版　情報通信白書,

2013.

14) 日本銀行. 金融機関のビッグデータ活用とプライバシー保護について. IT を活用した金融の高度化に関するワークショップ, Vol. 16, 2015.

15) Open Data Institute. Introducing The Open Banking Standard. https://ja.scribd.com/doc/298568600/Introducing-the-Open-Banking-Standard, 2016.

16) Open Data Institute. The Open Banking Standard. https://ja.scribd.com/doc/298569302/The-Open-Banking-Standard, 2016.

17) 深山こよみ. Python − Perl ＋ Java ＝ ？ はてなブログのデータとパソコン工房の PC を使って「word2vec」で遊んでみた. http://hatenanews.com/articles/201404/20050.

18) A. Lee. The Julius book. https://julius.osdn.jp/juliusbook/ja/index.html, 2010.

19) 李　晃伸, 河原達也. Julius を用いた音声認識インターフェースの作成. ヒューマンインターフェース学会誌, Vol. 11, No. 1, 2009.

20) 総務省. 電波利用ホームページ. http://www.tele.soumu.go.jp/.

21) Satoshi Nakamoto. Bitcoin: A peer-to-peer electronic cash system, 2008.

22) 財務省. 平成 29 年度税制改正要望, 2017.

23) 金融庁. リーフレット 平成 29 年 4 月から,「仮想通貨」に関する新しい制度が開始されます., 2017.

24) 経済産業省. ビットコインを支える, ブロックチェーン技術. http://www.meti.go.jp/main/60sec/2016/20160519001.html, 2016.

25) 経済産業省. ニュースリリース　iso でブロックチェーンの国際標準化についての議論が始まります, 2016.

26) 経済産業省. ブロックチェーン技術を活用したシステムの評価軸 ver1.0, 2017.

27) A. M. アントノプロス (今井崇也ほか訳). ビットコインとブロックチェーン─暗号通貨を支える技術. NTT 出版, 2016.

28) 「ブロックチェーンの定義」を公開しました. http://jba-web.jp/archives/2011003blockchain_definition.

29) 日経ビッグデータ編. この 1 冊でまるごとわかる　ブロックチェーン&ビットコイン. 日経 BP 社, 2016.

30) 総務省. 平成 24 年度版　情報通信白書のポイント. 平成 24 年版　情報通信白書, 2012.

31) 川戸温志. 不動産業界のプレイヤーは, 不動産テック (Re Tech: Real Estate Tech) とどう向き合うべきか. 情報未来, Vol. 51, pp. 51–54, 2016.

32) C. Bishop. *Pattern Recognition and Machine Learning*. Springer, New York, 2007.

33) 伊藤 昇ほか. 経済系・工学系のための行列とその応用. 紀伊國屋書店, 1994.

34) 室町幸雄. 金融リスクモデリング―理論と重要課題へのアプローチ (シリーズ〈金融工学の新潮流〉2). 朝倉書店, 2014.

35) J. B. Heaton, N. G. Polson, and J. H. Witte. Deep learning in finance. arXiv preprint arXiv:1602.06561, 2016.

36) 嶋田康史ほか. ディープラーニング入門 (仮) (FinTech ライブラリー). 朝倉書店, in printing.

37) 田中克弘, 中川秀敏. 企業格付判別のための SVM 手法の提案および逐次ロジットモデルとの比較による有効性検証. 日本オペレーションズ・リサーチ学会和文論文誌, Vol. 57, pp. 92–111, 2014.

38) 勝田英紀, 田中克明. バーゼル II 導入における新格付手法としてのニューラル・ネットワーク法. 大阪大学経済学, Vol. 57, No. 4, pp. 32–45, 2008.

39) Z. Huang, H. Chen, C. J. Hsu, W. H. Chen, and S. Wu. Credit rating analysis with support vector machines and neural networks: A market comparative study. *Decision Support Systems*, Vol. 37, No. 4, pp. 543–558, 2004.

40) L. Buitinck, G. Louppe, M. Blondel, F. Pedregosa, A. Mueller, O. Grisel, V. Niculae, P. Prettenhofer, A. Gramfort, J. Grobler, R. Layton, J. VanderPlas, A. Joly, B. Holt, and G. Varoquaux. API design for machine learning software: Experiences from the scikit-learn project. In *ECML PKDD Workshop: Languages for Data Mining and Machine Learning*, pp. 108–122, 2013.

41) F. Pedregosa, G. Varoquaux, A. Gramfort, V. Michel, B. Thirion, O. Grisel, M. Blondel, P. Prettenhofer, R. Weiss, V. Dubourg, J. Vanderplas, A. Passos, D. Cournapeau, M. Brucher, M. Perrot, and E. Duchesnay. Scikit-learn: Machine learning in Python. *Journal of Machine Learning Research*, Vol. 12, pp. 2825–2830, 2011.

42) L. Breiman, J. Friedman, C. J. Stone, and R. A. Olshen. *Classification and Regression Trees*. CRC press, 1984.

43) J. R. Quinlan. Induction of decision trees. *Machine learning*, Vol. 1, No. 1, pp. 81–106, 1986.

44) J. R. Quinlan. *C4. 5: Programming for Machine Learning*. Morgan Kauffmann, 1993.

45) V. Vapnik. *The Nature of Statistical Learning Theory*. Springer, 1995.

46) 栗田多喜夫. サポートベクターマシン入門. http://home.hiroshima-u.ac.jp/tkurita/lecture/svm/index.html.

47) F. Chollet. Keras. https://github.com/fchollet/keras, 2015.

48) 田中克明, 勝田英紀, 萩原統宏. ニューラル・ネットワークによる格付付与構造の安定性について. 経営情報研究：摂南大学経営情報学部論集, Vol. 17, No. 1, pp. 17–32, 2009.

49) 格付投資情報センター. 金融機関等に共通する格付の考え方. 2014.

50) 経済産業省.「ブロックチェーン技術を利用したサービスに関する国内外動向調査」を取りまとめました. http://www.meti.go.jp/press/2016/04/20160428003/20160428003.html, 2016.

51) P. Warner. *The Code Busters Club, Case 1: The Secret of the Skeleton Key.* Egmont USA, 2012. (日本語版：P. ワーナー (番 由美子訳). 暗号クラブ 1 ガイコツ屋敷と秘密のカギ. KADOKAWA, 2013.)

52) 平澤茂一. 情報理論入門 (情報数理シリーズ A-6). 培風館, 2000.

53) 結城 浩. 暗号技術入門 第 3 版. SB クリエイティブ, 2015.

54) C. E. Shannon. A mathematical theory of communication. *ACM SIGMOBILE Mobile Computing and Communications Review*, Vol. 5, No. 1, pp. 3–55, 2001.

55) W. Poundstone. *Fortune's Formula: The Untold Story of the Scientific Betting System that Beat the Casinos and Wall Street.* Macmillan, 2005. (日本語版：W. パウンドストーン (松浦俊輔訳). 天才数学者はこう賭ける—誰も語らなかった株とギャンブルの話. 青土社, 2006.)

56) J. Underwood. 技術者向けビットコイン講座 第 1 回 楕円曲線を自分の手で扱う. https://btcnews.jp/elliptc-curve-diy/, 2015.

57) 鳥居直哉, 横山和弘. 楕円曲線暗号. FUJITSU, Vol. 50, No. 4, pp. 197–201.

58) N. Popper. A hacking of more than \$50 million dashes hopes in the world of virtual currency. https://www.nytimes.com/2016/06/18/business/dealbook/hacker-may-have-removed-more-than-50-million-from-experimental-cybercurrency-project.html, 2016.

59) オーストラリア政府. Anti-money laundering and counter terrorism financing. https://www.ag.gov.au/CrimeAndCorruption/AntiLaunderingCounterTerrorismFinancing/Pages/default.aspx, 2016.

60) オーストラリア政府. 犯罪と資金—このつながりを断つためにご協力を. https://www.ag.gov.au/CrimeAndCorruption/AntiLaunderingCounterTerrorismFin

文　　献　　197

ancing/documents/Japanese-AntiMoneyLaunderingandCounterTerrorismFi
nancinglawsbrochure.pdf.

61) Safaricom. 5 YR financial performance summary. https://www.safaricom.co.
ke/investor-relation/investor-information/financials-and-reports/five-year-fi
nancial-performance-summary.

62) KCB. KCB INVESTOR PRESENTATION 1H2016 GROUP FINANCIAL
RESULTS. https://kcbgroup.com/wp-content/uploads/2016/09/2016-Half-
Year-Investor-Presentation.pdf.

63) J. M. ケインズ (塩野谷九十九訳). 雇用・利子および貨幣の一般理論. 東洋経済新
報社, 1980.

64) A. J. Frost and R. Prechter. *Elliott Wave Principle: Key to Market Behav-
ior*. New Classics Library, 2005.

65) W. McKinney. Data structures for statistical computing in python. In S.
van der Walt and J. Millman (eds.), *Proceedings of the 9th Python in Sci-
ence Conference*, pp. 51–56, 2010.

66) W. McKinney. Pandas: A foundational python library for data analysis and
statistics. *Python for High Performance and Scientific Computing*, Vol. 1,
No. 9, 2011.

67) W. McKinney. *Python for Data Analysis: Data Wrangling with Pandas,
NumPy, and IPython*. O'Reilly Media, 2012. (日本語版：W. マッキニー (小林
儀匡ほか訳). Python によるデータ分析入門—NumPy, pandas を使ったデータ処
理. オライリー・ジャパン, 2013)

68) Pandas: powerful Python data analysis toolkit. http://pandas.pydata.org/
pandas-docs/stable/#.

69) S. Raschka. *Python Machine Learning*. Packt Publishing, 2015. (日本語版：
S. ラシュカ (福島真太朗監訳). Python 機械学習プログラミング—達人データサ
イエンティストによる理論と実践. インプレス, 2016.)

索　引

欧　文

0–1 区間への正規化　191
0–1 ベクトル化　102

Amazon EC2/S3　26
AML (Anti Money Laundering)　3, 38,
　162
AML/CTF (Anti Money Laundering/
　Counter-Terrorism Financing)　133
API (Application Programming
　Interface)　38, 186

BaaS (Blockchain as a Service)　30
Bitcoin　56, 126, 188

C4.5　90
CAD コイン　144
CART (Classification and Regression
　Trees)　90
CDFI (Community Development Finance
　Institution)　186
CTF (Counter-Terrorism Financing)　162

DAO (Decentralized Autonomous
　Organization)　186
DNN (Deep Neural Network)　35, 98

e クローナ　144
EC (E-Commerce)　186
Elliott wave　156

EMV　186
Ethereum　4, 131, 187

FATCA (Foreign Account Tax
　Compliance Act)　162
FATF (The Financial Action Task Force)
　134
FICO スコア　6, 14

Gensim　47
Google Trends　38, 85

Hadoop　32
Hyperledger Fabric　9

IaaS (Infrastructure as a Service)　29
ICO (Initial Coin Offering)　66
ID3　90
IoT (Internet of Things)　44, 186
IOTA　66
IPFS (Inter-Planetary File System)　66
ISMS (Information Security Management
　System)　186

Janome　46
JSON 形式　11, 40, 44
Julius　50, 52

K-分割交差検証　103, 105
Kaggle　17
KYC (Know Your Customer)　3, 186

索　引

L1 正則化　89
L2 正則化　89, 101

MP (Market Place)　186
M-Pesa　18, 138
MTGOX　126
MVNO (Mobile Virtual Network
　　Operator)　22

Newton–Raphson 法　89

O2O (Online to Offline)　186
OAuth2.0　11, 43
OBWG (Open Banking Working Group)
　　42
open license　42
OpenID Connect　43

P2P (Peer to Peer)　4, 62, 64, 186
P2P プラットフォーム　1
P2P レンディング　8, 12
PaaS (Platform as a Service)　29
PFM (Personal Financial Management)
　　42, 186
PHS (Pohlig–Hellman–Silverman) 法
　　122
PoW (Proof of Work)　124

RegTech　162, 186
RESTful　11, 43
ReTech　66, 187
Ripple　4
RSA 暗号　119

SaaS (Software as a Service)　28
satoshi　155
SHA-256　123
Shannon　113
SNS (Social Networking Service)　187
Square　8
Stellar　9
SVM (Support Vector Machine)　92, 107,

　　187
Swagger 2.0　41

UI (User Interface)　78, 187
unbank　6, 187
UX (User Experience)　187

Web API　38
WebBank　15, 17
Word2Vec　47

あ 行

アクワイアラー　187
暗号　110
暗号通貨　7, 57, 134, 141

イーサリアム　4, 131, 187
イーサリアムクラシック　132
イシュア　187
板寄せ方式　144

ウォレット　61

エコシステム　187
エントロピー　115, 116

オープン API　11, 38
オープンイノベーション　187
オルトコイン　7
音声認識　49

か 行

外部格付　85
過学習　104, 109
仮想移動体通信事業者　22
仮想通貨　57, 134
カーネルトリック　96
貨幣　141
可用性　187

機械学習　35, 188
銀行リテール力調査　69
金融活動作業部会　134

クライアントサーバーモデル　25
クラウドコンピューティングサービス　24
クラウドファンディング　187
グリッドサーチ　90, 104
クロスエントロピー　91
クロスエントロピー損失関数　88

形態素解析　46
結合エントロピー　115
決定木　90, 107

公開鍵暗号　118
コグニティブ　187
コミュニティクラウド　30
コールドウォレット → コールドストレージ
コールドストレージ　127, 187
コンソーシアム型ブロックチェーン　4

さ　行

最尤法　88
サービスモデル　25, 27
サポートベクターマシン　92, 107, 187
サンドボックス　187

識別性　88
自己情報量　113, 115
シーザー暗号　111
事前学習　98
自然言語処理　46
実装モデル　25, 29
ジニ不純度　91
主成分分析　69
情報量　113
人工市場シミュレーション　146

スクレイピング　43
ステラー　9

スマートコントラクト　188
スラック変数　95

正則化　89
ゼロ知識証明　188

相互情報量　116, 118
双対問題　94
ソーシャルコマース　188
ソフトフォーク　131
ソフトマージン　95
ソフトマックス関数　88
損失関数　88

た　行

楕円曲線暗号　110, 120
多層パーセプトロン　97, 107
ダミー変数への変換　191
単語トライグラムモデル　54
単語バイグラムモデル　54

超平面　95

ディープニューラルネットワーク　35, 98
ディープラーニング　35
デジタル署名　120

トランザクション　61
トレーサビリティー　4
ドロップアウト　98

な　行

内部格付　86
内部格付モデル　86

ニューラルネットワーク　35

ネットワークコンピューティング　25

ノード　64

ノンス　62, 124

は　行

ハイパーパラメータ　90, 104
ハイパーレッジャーファブリック　9
ハイブリッドクラウド　30
バイプロット　74
ハッカソン　188
ハッシュ関数　122
ハッシュ値　122, 124
ハードフォーク　124, 131
バーナム暗号　116
パブリック型ブロックチェーン　4
パブリッククラウド　30

ビッグデータ　31
ビットコイン　56, 126, 188
ビットコイン2.0　4, 188
秘密鍵暗号　118
標準化　191

不純度　91
不純度関数　91
プライベート型ブロックチェーン　4
プライベートクラウド　29
フラッシュクラッシュ　155
ブロックチェーン　59

平均情報量　115

平方根法　122

ポータルサイト　3
ホールドアウト検証　103

ま　行

マイクロファイナンス　188
マイニング　62
マイニングプール　64, 124
マージン　93
マシンラーニング → 機械学習

メインフレーム　25

モバイル送金サービス　18

や　行

尤度関数　88

ら　行

ラグランジュ関数　94
ラグランジュの未定乗数法　72
ランサムウェア　8

リップル　4

ロジスティック回帰　87, 107

監修者

津田　博史 (つだ　ひろし)

1959 年　京都府に生まれる
1983 年　京都大学工学部卒業
1985 年　東京大学大学院工学系修士課程修了　工学修士
1999 年　総合研究大学院大学数物科学研究科博士課程修了
現　在　同志社大学理工学部数理システム学科教授　博士（学術）
　　　　日本金融・証券計量・工学学会（JAFEE）代議員，前会長
　　　　情報・システム研究機構 統計数理研究所客員教授

編著者

嶋田　康史 (しまだ　やすふみ)

1960 年　京都府に生まれる
1983 年　東京大学経済学部卒業
現　在　株式会社新生銀行エグゼクティブアドバイザー
　　　　日本金融・証券計量・工学学会（JAFEE）代議員，日本証券アナリスト協会検定会員
「A Note on Construction of Multiple Swap Curves with and without Collateral」（藤井優成・高橋明彦と共著，FSA
リサーチ・レビュー第 6 号，金融庁金融研究研修センター，2010 年 3 月発行）
棚田草刈りアート日本選手権　2015 年優勝，2016 年準優勝，2017 年 3 位

著　者

西　裕介 (にし　ゆうすけ)

1982 年　埼玉県に生まれる
2006 年　早稲田大学理工学部経営システム工学科卒業
2008 年　早稲田大学大学院経営システム工学専攻修了
　　　　修士（工学）
現　在　株式会社新生銀行 グループ統合リスク管理部
　　　　部長代理
THE LONDON DESIGN FESTIVAL 2014, TENT
LONDON に川越高校同期のデザイナー YOIN
design&claft のサポートとして参加

鶴田　大 (つるた　まさる)

1987 年　三重県に生まれる
2009 年　東京工業大学工学部経営システム工学科卒業
　　　　四大学連合複合領域コース・技術と経営コース
　　　　修了
2013 年　一橋大学大学院国際企業戦略研究科金融戦略・
　　　　経営財務コース（MBA）修了
現　在　株式会社新生銀行 グループ統合リスク管理部
　　　　部長代理
　　　　一橋大学大学院国際企業戦略研究科金融戦略・
　　　　経営財務コース博士後期課程
　　　　日本証券アナリスト協会検定会員，統計検定 1
　　　　級

藤原　暢 (ふじわら　みつる)

1990 年　秋田県に生まれる
2012 年　首都大学東京都市教養学部都市教養学科経営学
　　　　系卒業
2014 年　東京大学大学院経済学研究科金融システム専攻
　　　　修了
　　　　修士（経済学）
現　在　株式会社新生銀行 市場金融部
　　　　日本証券アナリスト協会検定会員，基本情報技
　　　　術者

河合　竜也 (かわい　たつや)

1990 年　愛知県に生まれる
2013 年　同志社大学理工学部数理システム学科卒業
2015 年　同志社大学大学院理工学研究科数理環境科学専
　　　　攻修了
　　　　修士（理学）
現　在　株式会社新生銀行 不動産ファイナンス部
　　　　不動産証券化協会認定マスター
2014 年 IEEE Young Researcher Award 受賞

FinTech ライブラリー
FinTech イノベーション入門　　　　　　定価はカバーに表示

2018 年 1 月 10 日　初版第 1 刷

監修者　津　田　博　史

編著者　嶋　田　康　史

発行者　朝　倉　誠　造

発行所　株式
　　　　会社　朝　倉　書　店
　　　　東京都新宿区新小川町 6-29
　　　　郵 便 番 号　162-8707
　　　　電　話　03（3260）0141
　　　　F A X　03（3260）0180
　　　　http://www.asakura.co.jp

〈検印省略〉

© 2018 〈無断複写・転載を禁ず〉　　　　　中央印刷・渡辺製本

ISBN 978-4-254-27582-7　C 3334　　　Printed in Japan

JCOPY ＜（社）出版者著作権管理機構 委託出版物＞

本書の無断複写は著作権法上での例外を除き禁じられています．複写される場合は，
そのつど事前に，（社）出版者著作権管理機構（電話 03-3513-6969，FAX 03-3513-
6979，e-mail: info@jcopy.or.jp）の許諾を得てください．

同志社大 津田博史・大和証券 吉野貴晶著
FinTech ライブラリー
株式の計量分析入門
―バリュエーションとファクターモデル―
27581-0 C3334　　　　　A 5 判 176頁 本体2800円

学生，ビジネスマンおよび株式投資に興味ある読者を対象とした，理論の入門から実践的な内容までを平易に解説した教科書。〔内容〕株式分析の基礎知識／企業利益／株式評価／割引超過利益モデル／データ解析とモデル推定／ファクターモデル

滋賀大 竹村彰通監訳
機　械　学　習
―データを読み解くアルゴリズムの技法―
12218-3 C3034　　　　　A 5 判 392頁 本体6200円

機械学習の主要なアルゴリズムを取り上げ，特徴量・タスク・モデルに着目して論理的基礎から実装までを平易に紹介。〔内容〕二値分類／教師なし学習／木モデル／ルールモデル／線形モデル／距離ベースモデル／確率モデル／特徴量／他

慶大 中妻照雄著
ファイナンス・ライブラリー10
入 門 ベ イ ズ 統 計 学
29540-5 C3350　　　　　A 5 判 200頁 本体3600円

ファイナンス分野で特に有効なデータ分析手法の初歩を懇切丁寧に解説。〔内容〕ベイズ分析を学ぶ／ベイズ的視点から世界を見る／成功と失敗のベイズ分析／ベイズ的アプローチによる資産運用／マルコフ連鎖モンテカルロ法／練習問題／他

慶大 中妻照雄著
ファイナンス・ライブラリー12
実 践 ベ イ ズ 統 計 学
29542-9 C3350　　　　　A 5 判 180頁 本体3400円

前著『入門編』の続編として，初学者でも可能なExcelによるベイズ分析の実際を解説。練習問題付き〔内容〕基本原理／信用リスク分析／ポートフォリオ選択／回帰モデルのベイズ分析／ベイズ型モデル平均／数学補論／確率分布と乱数生成法

早大 豊田秀樹著
はじめての 統計データ分析
―ベイズ的〈ポストp値時代〉の統計学―
12214-5 C3041　　　　　A 5 判 212頁 本体2600円

統計学への入門の最初からベイズ流で講義する画期的な初級テキスト。有意性検定によらない統計的推測法を高校文系程度の数学で理解。〔内容〕データの記述／MCMCと正規分布／2群の差（独立・対応あり）／実験計画／比率とクロス表／他

早大 豊田秀樹編著
基礎からのベイズ統計学
ハミルトニアンモンテカルロ法による実践的入門
12212-1 C3041　　　　　A 5 判 248頁 本体3200円

高次積分にハミルトニアンモンテカルロ法（HMC）を利用した画期的初級向けテキスト。ギブズサンプリング等を用いる従来の方法より非専門家に扱いやすく，かつ従来は求められなかった確率計算も可能とする方法論による実践的入門。

早大 豊田秀樹編著
実践ベイズモデリング
―解析技法と認知モデル―
12220-6 C3014　　　　　A 5 判 224頁 本体3200円

姉妹書『基礎からのベイズ統計学』からの展開。正規分布以外の確率分布やリンク関数等の解析手法を紹介，モデルを簡明に視覚化するプレート表現を導入し，より実践的なベイズモデリングへ。分析例多数。特に心理統計への応用が充実。

中大 朝野煕彦編著
ビジネスマン
がはじめて学ぶ
ベ イ ズ 統 計 学
―ExcelからRへステップアップ―
12221-3 C3041　　　　　A 5 判 228頁 本体3200円

ビジネス的な題材，初学者視点の解説，ExcelからR（Rstan）への自然な展開を特長とする待望の実践的入門書。〔内容〕確率分布早わかり／ベイズの定理／ナイーブベイズ／事前分布／ノームの更新／MCMC／階層ベイズ／空間統計モデル／他

岡山大 長畑秀和著
Rで学ぶ 実 験 計 画 法
12216-9 C3041　　　　　B 5 判 224頁 本体3800円

実験条件の変え方や，結果の解析手法を，R（Rコマンダー）を用いた実践を通して身につける。独習にも対応。〔内容〕実験計画法への導入／分散分析／直交表による方法／乱塊法／分割法／付録：R入門

岡山大 長畑秀和著
Rで学ぶ 多 変 量 解 析
12226-8 C3041　　　　　B 5 判 224頁 本体3800円

多変量（多次元）かつ大量のデータ処理手法を，R（Rコマンダー）を用いた実践を通して身につける。独習にも対応。〔内容〕相関分析・単回帰分析／重回帰分析／判別分析／主成分分析／因子分析／正準相関分析／クラスター分析

上記価格（税別）は 2017 年 12 月現在